创新全球化与科技园区发展
Globalization of Innovation and Development of S&T Park

张景安 著

知识产权出版社
全国百佳图书出版单位

图书在版编目（CIP）数据

创新全球化与科技园区发展/张景安著.—北京：知识产权出版社，2018.5
ISBN 978-7-5130-5391-4

Ⅰ.①创… Ⅱ.①张… Ⅲ.①高技术园区—研究—中国 Ⅳ.①F127

中国版本图书馆 CIP 数据核字（2018）第 006682 号

内容提要

中国科技园区是在改革开放和全球经济一体化背景下创建发展起来的，是中国融入国际经济体系，特别是创新国际化的重要载体。香港科技园在中国和全球创新科技中扮演重要角色，在香港创新发展与经济的转型升级和提高未来国际竞争力方面负有重要的历史使命。为此，笔者对香港科技园进行了认真的调研，走访了香港科技园 20 家企业，请教了科技园的各界人士，并在香港有关创新的部门和单位进行了调研，重点就香港科技园未来发展的方向、路径和创新战略进行了深入探讨，提出了香港科技园在创新发展中的若干建议。

责任编辑：段红梅　张雪梅　　　　　　责任校对：潘凤越
装帧设计：张　悦　　　　　　　　　　责任出版：刘译文

创新全球化与科技园区发展

张景安　著

出版发行：知识产权出版社有限责任公司	网　　址：http://www.ipph.cn
社　　址：北京市海淀区气象路 50 号院	邮　　箱：100081
责编电话：010-82000860 转 8171	责编邮箱：410746564@qq.com
发行电话：010-82000860 转 8101/8102	发行传真：010-82000893/82005070/82000270
印　　刷：北京科信印刷有限公司	经　　销：各大网上书店、新华书店及相关专业书店
开　　本：787mm×1092mm　1/16	印　　张：6.75　插页：1
版　　次：2018 年 5 月第 1 版	印　　次：2018 年 5 月第 1 次印刷
字　　数：107 千字	定　　价：58.00 元
ISBN 978-7-5130-5391-4	

出版权专有　侵权必究
如有印装质量问题，本社负责调换。

2000年香港特首董建华会见科技部部长朱丽兰
（右为董建华，中为朱丽兰，左为本书作者）

2015年4月作者在香港理工大学作香港科技园研究报告

激励大众创业万众创新，
努力实现创新强国的中国梦(代序)

2016年5月30日，全国创新大会隆重召开，习近平总书记做了建设科技强国的报告。伟大的祖国迎来了科技创新的春天，到处都在谱写新的春天创新的故事。这将对我国未来的发展产生重大的影响，以创新创业推动经济可持续发展，全面支撑引领结构性、战略性、创新性调整，打造中国经济升级版，走向万众创新的新时代，实现创新强国的中国梦。

创新创业是我国当前和未来持续的竞争力和优势之所在，特别是青年创新创业是国家最大的希望。我国有众多高等院校和科研院所，创新人才云集，创新资源密集。北京、上海等地逐渐发展成为世界创新中心、创新集群的圣地、高端人才的栖息地，成为改革创新的破冰船、先遣队和创新创业的示范区。深圳等几十个城市创业和创新发展也都很快。从2014年下半年开始，全国平均每天新成立公司1.2万家，全年新成立企业432万家，就业1500万人，创新创业高潮已经显现。

回顾近年来我国创新发展的历程，我国已是世界创新程度最高的国家之一。2014年，我国参与研究与试验的从业人员数量世界第一，科技论文数量占世界第二位。我国有8100万科技工作者，3000多个研究机构，1500多所大学，2000多万在校大学生，每年毕业700万人，回国留学生40万人，这是我们宝贵的人才资源。2014年，全社会研究与试验发展经费支出1.18万亿元，其中企业与社会的投入占76%以上，中央财政科技投入超过2700亿元。2015

年我国共受理专利申请 279.9 万件，其中发明专利申请 110.2 万件，连续五年居世界首位。截至 2015 年年底，我国有效注册商标 1034 万件，连续 14 年世界第一。2015 年我国发明专利授权量为 35.9 万件，居世界第二位。全国技术合同成交额超过 7469 亿元，高技术主营收入突破 11 万亿元。我国科技攻关计划、星火计划、火炬计划、科技成果重点推广计划、攀登计划、国家重点实验室、科技人才创新计划都取得了重大进展。我国已经和 154 个国家和地区建立了科技合作关系，我国的科技人员已经加入一千多个国际科技合作组织，跨国公司在我国设立了 1300 个研发中心。

高新区是中国政府 20 世纪 80 年代开始兴建的创新创业区，现在已经成为创新人才的栖息地、高新技术企业集群发祥地、自主创新示范区。目前中国内地拥有科技园区 149 家，园区内工商注册企业 88.9 万家，其中 2015 年新注册 17.2 万家。2015 年园区内企业 82712 家，总收入达 25.37 万亿元人民币，工业总产值达 18.6 万亿元人民币，从业人员 1527 万人，净利润 16094 亿元人民币，纳税 14240 亿元人民币，出口创汇 4732 亿美元，累计利用外资 1549 亿美元。园区内高新技术企业达 31160 家，2015 年度产值超过亿元的企业达 20633 家，超过十亿元的企业达 2715 家，超过百亿元的企业 319 家，超过千亿元的企业 4 家。上市企业有 1186 家，创业微小企业超过 40 万家，三资企业 10791 家。2015 年园内科技活动经费支出 7578 亿元，其中研发支出 4521 亿元，占全国企业投入的 38.2%，园内研发支出占 GDP 比重达 5.5%；拥有发明专利 278966 项，当年专利授权 215322 项，全年授权发明专利 71139 件，当年欧美专利授权 3849 项。园内聚集了上百万人的创业团队，其中留学生 11.1 万人，博士生 8.9 万人，硕士生 82.2 万人；全年聘用应届大学毕业生 50.7 万人，大专以上学历人员 906.6 万人，研发人员 175.5 万人。华为、中兴、联想、阿里巴巴、百度、腾讯、中联重科成长为全球知名企业，北京中关村芯片设计、上海张江集成电路制造、武汉光谷通信、深圳通信设备等具备了一定规模和国际竞争力。科技园成为创新驱动的重要载体和一张亮丽的名片，一批创业者在这里梦想成真，成就了辉煌。

2015年，全国特色产业基地达384个，基地有企业12.6万家，高新技术企业9410万家，上市公司937家，从业人员992万人，科技服务机构4099家，孵化器930家，工业总产值9.2万亿元人民币，上缴税收4889亿元人民币，净利润6115亿元人民币，出口创汇1809亿美元。

支持创新创业的风险投资蓬勃发展。2015年全国创业风险投资机构1775家，其中创投企业1311家。全国创投管理资本总额6653.4亿元，累计投资项目17376个，总投资额3361亿元；创投高新技术项目8047项，投入资金1493亿元。国家科技型中小企业创新基金2015年支持中小企业创新项目8047项，当年获中央财政支持的金额达79.5亿元。

支持创业微小企业的孵化器不断优化环境，其数量和面积都居世界第一位。2015年孵化器数量已达2536家，孵化面积达8679万平方米，孵化器从业人员166.2万人，在孵企业102170家，累计毕业企业74853家。国家级的大学科技园有115家，面积达801万平方米，孵化企业10118家。

党中央国务院非常重视大众创业万众创新。2015年，国务院常务会议决定，要在创客空间、创新工场等孵化模式的基础上大力发展市场化、专业化、集成化、网络化的众创空间，实现创新创业线上与线下、孵化与投资的结合，为小微创新企业成长和个人创业提供低成本、便利化、全要素的开放式综合服务平台；要完善创业投融资机制，发挥政府创投引导基金和财税政策的作用，对种子期、初创期科技型中小企业给予支持，培育发展天使投资；完善互联网股权众筹融资机制，发展区域性股权交易市场，鼓励金融机构开发科技融资担保、知识产权质押等产品和服务，打造良

激励大众创业万众创新，努力实现创新强国的中国梦（代序）

好的创业创新生态环境；健全创业辅导指导制度，支持举办创业训练营、创业创新大赛等活动，培育创客文化，让创业创新蔚然成风。

当前，新一轮科技革命和产业变革正在孕育兴起，全球科技创新呈现出新的发展态势和特征，互联网作为技术平台正引领着新一轮的技术和产业革命，带动传统产业的新变革。互联网和传统产业跨界融合更加广泛，传统产业向智能化、数字化、网络化纵深发展，面向传统产业服务的互联网新兴业态不断涌现，新兴信息网络技术已经渗透和扩散到多个行业和领域。

当今世界，凭借个性化、高质量的服务和优良的用户体验，激发用户的消费需求，从而使共享经济迅速发展。这种基于互联网实现快速发展的共享经济的新形态改变了传统的资源使用模式与商业模式，大大提升了经济效益和社会效益，并有望重构社会关系，引领人类社会迈向新的文明。

创新创业是时代精神，中国的创新蓬勃发展，已出现一片喜人的景象，创新呈现爆发式增长。很多地方创新创业的环境大为改善，成了创业的圣地和创新的天堂，成了怀揣梦想的人向往的地方，并且这些地方能够弘扬创新的文化，激发创新的要素，快速培养创新者，促使伟大的想法变成伟大公司的助推器，培养出创新跨越、能够弯道超车、引领世界的创新型企业，不断产生改变世界的创新，不断产生创新的新思想、先进文化，引领未来发展的方向，从而使创新创业的奇迹变成经济发展的奇迹。当前，我国的创新创业已走在世界的前列，我们要激昂奋进，不懈努力，为早日实现中国梦贡献力量！

目录

激励大众创业万众创新，努力实现创新强国的中国梦（代序）

第1章　科技园区在创新全球化发展中前行　01

第2章　国家高新区20年发展概述　05
　　一、历史回顾　06
　　二、伟大巨变　07
　　三、应对挑战　08
　　四、开拓创新　08
　　五、新的追求　09

第3章　香港科技园创新发展战略研究　13
　　一、世界进入创新全球化时代　14
　　二、飞速发展的中国科技　15
　　三、创新驱动，建设创新型国家　16
　　四、科技园区典型案例及支持措施　21
　　五、香港创新机构和科技园企业调研　30
　　六、香港科技园成就辉煌　40
　　七、推动香港创新发展的建议　41

目录

第4章 在创新中飞速发展的中国高新区和科技企业孵化器 47
    一、高新技术产业开发区发展概况 48
    二、科技企业孵化器发展概况 52
    三、科技园区是对外开放的重要窗口 56

第5章 中国科技发展战略与香港的角色 59
    一、科技体制改革 60
    二、跨世纪的科技发展战略 62
    三、香港的角色 66

第6章 绿色创新是时代的旗帜 69

第7章 科技创新驱动发展战略与香港创造 73
    一、我国的科技创新驱动发展战略 74
    二、香港创造 75

第8章 创新驱动战略与创新文化 77

第9章 一带一路 创新发展 85

附 录 2009年以前及2010~2015年升级的国家高新技术产业开发区名单 89
创新，我们永远在路上（代后记） 95

第1章 科技园区在创新全球化发展中前行

创新是国家繁荣富强和人类文明不断进步的基石，也是改变世界经济格局的重要力量。2008年爆发的国际金融危机使世界各国更加深刻地认识到创新对推动经济发展的巨大作用，纷纷制定创新战略，加大研发投入，推出新兴产业发展规划，世界步入了新技术革命的孕育期和创新活动的爆发期。大数据、云计算、移动互联发展迅猛，以信息技术深入发展和应用、新材料和新能源开发为特点的新一轮技术创新不断取得突破，将为全球经济增长注入新的活力。

与此同时，气候变化、环境保护、资源短缺、粮食安全、大宗商品价格走势和人口老龄化等全球性议题显著增加，成为影响各国经济可持续发展的重要因素，也使各国深切地意识到只有通过加强国际合作才能解决全球面临的问题、满足共同的利益需求，创新全球化的重要性日益显著。

创新全球化是全球化的核心内容之一，包括创新资源配置的全球化、创新活动的全球化、创业活动的全球化和创新服务的全球化等。国际金融危机后，世界经济格局发生深刻变化，新兴经济体成为全球化新动力。中国作为新兴经济体的重要国家，国民生产总值已跃居世界第二位，在创新全球化中的地位和作用不容忽视。同时，在创新全球化条件下，中国如果不能更好地整合全球创新资源，迅速增强开放创新和自主创新能力，就只能继续充当高投入、高消耗、高排放的"世界工厂"。中国创新全球化进程的深入不仅有利于促进实现自身的可持续发展，也有利于其他国家分享发展机遇，解决全球面临的共同问题。

中国科技园区是在改革开放和全球经济一体化背景下创建发展起来的，是中国融入国际经济体系，特别是创新国际化的重要载体。自1988年至今，中国国家级科技园区内地的数量已达到129家，加上香港科技园就是130家，基本覆盖了中国最具创新活力的城市，已经成为科技与经济最成功的实践，成为引领中国创新、可持续发展和参与国际竞争合作的战略先导。近一半的世界财富500强企业在园区投资，外商实际投资240.8亿美元；园区从业人员中有外籍常驻人员4.2万人，引进外籍专家1.2万人；国家高新区高技术产品出口占全国的33%，企业拥有境外授权专利6587件，境外注册商标21614件，设立海外研发机构166家，海外生产制造基地88家。

中国科技园区探索了创新拓展、国际孵化、技术共建、共同开发等多种形式的创新全球化发展模式，并搭建各类国际合作平台，促进国际创新合作。总体上，创新全球化对中国来说还是一个新命题。中国整合全球创新资源的能力较弱，产业多处于全球价值链的低端，专业化服务体系不完善。中国的科技园区需要借鉴国际先进经验，从提升公共服务、培育企业和企业家精神、营造多元灵活的投融资环境、拉动创新需求等方面营造良好的制度环境和文化氛围，积极迎接、应对新一轮产业革命的机遇和挑战，力求区域崛起与全球化同步发展。

应香港理工大学的邀请，在香港科技园的支持下，笔者在香港理工大学工程学院用半年的时间对香港科技园进行了研究。香港是世界著名的自由港和国际城市，是世界一流的高效率的金融、经贸和资讯中心，同时拥有良好的教育体系，是一个与时俱进、不断出奇迹的地方。香港科技园于2001年5月7日开始运作，以创新及科技发展为香港、内地以至全世界增值为目标，通过提供设施、服务及充满活力的环境，推动香港在重点科技领域成为世界级的科技枢纽。其在生物科技、电子、绿色科技、信息科技及通信和精密工程等领域的创新和发展成果显著。香港科技园是创业公司的培育者，是进入中国内地的门廊，也是中国企业进军国际市场的跳板。香港科技园在中国和全球创新科技中担任重要角色，在香港创新发展与经济的转型升级和提高未来国际竞争力方面负有重要的历史使命。为此，笔者对香港科技园进行了认真调研，走访了香港科技园20家企业，并请教了科技园的各界人士，还在香港有关创新的部门和单位进行了调研，重点就香港科技园未来发展的方向、路径和创新战略进行了深入探讨，提出了香港科技园在创新发展中的若干建议。

当前，世界新一轮科技革命和产业变革蓄势待发，全世界多领域多学科多点突破，交叉融合趋势日益明显，技术群体性突破加速，颠覆性创新不断涌现，主要经济体都在抢抓机遇，力争占领制高点。这对中国内地和香港特别行政区既是挑战又是机遇。要科学预见和高度重视颠覆性创新带来的变革性影响，主动布局和应对。香港特别行政区在未来全球化竞争中有优势也有不足，因此要科学定位和决策，力争在未来全球创新竞争中开拓发展。要利用香港科技园这个平台，吸引创新人才、营造创新环境、弘扬创新文化，从而使香港特别行政区在未来创新全球化竞争中充分发挥科技园区的作用。一是建议香港特别行政区政府实施创新强港发展战略，可以把香港科技园作为香港创新的基地，制定规划和政策，使之成为香港创新的先行区与示范区，引领香港创新迈出新的步伐，站在亚洲和世界创新的前列。二是利用香港国际化大都市的优势，吸引全球一流创新人才。三是利用好香港世界金融中心的优势，制定支持创新的金融政策与措施，使创新企业实现跨越式发展。四是利用香港现代服务业优势打造领先全球的创新服务业，使创新的幼苗迅速成长为参天大树。香港服务业占经济总量的90%以上，完全可以在服务业创新上大有作为。五是香港是自由港，国际化程度高，容易吸引各种创新资源并使之优化组合，从而在创新全球化中把香港科技园建成创新的引领区，在香港经济发展中做出新的更大的贡献。

第2章 国家高新区20年发展概述

第 2 章　国家高新区 20 年发展概述

2011 年是国家高新技术产业开发区成立 20 周年。20 年前，在全国 37 个地方兴办的高新技术开发区的基础上，国务院批准建立了第一批 26 个国家高新技术产业开发区（以下简称国家高新区）。20 年来，在党中央、国务院的领导下，在"火炬计划"的指导下，国家高新区得到了长足发展。目前，国家高新区已经发展到 83 个。

国家高新区是在迎接世界新技术革命浪潮的挑战，各国不断加快发展高新技术产业，国内深化改革开放的背景下诞生的。它的建立和发展顺应了综合国力竞争和新技术革命发展的潮流，也与改革开放相呼应，是我国改革开放的产物。

国家高新区走过的 20 年是不断探索和开拓创新的 20 年，国家高新区从小到大，由弱变强，滚动发展，成绩卓著，已经成为当今引领和推动我国高新技术产业迅速发展的一面旗帜和科技创新的重要基地，在国家及区域经济建设和社会发展中正发挥着越来越重要的作用。

一、历史回顾

1988 年 3 月，《国务院关于深化科学技术体制改革若干问题的决定》中明确指出："智力密集的大城市，可以积极创造条件，试办新技术产业开发区，并制定相应的扶植政策"。与此同时，国家科学技术委员会会同有关部门调查了北京中关村电子一条街两年多的发展情况，向国务院递交了调研报告。

1988 年 5 月，国务院批准建立北京市新技术产业开发实验区，并制定了有关实验区的 18 条优惠政策，从而奠定了我国高新技术产业开发区发展的基础。

1991 年 3 月，在全国 37 个地方兴办的高新技术开发区的基础上，批准建立了第一批 26 个国家高新技术产业开发区，同时制定了一整套扶持高新区发展的国家政策。同年 4 月，邓小平同志"发展高科技，实现产业化"题词发表，全国第一次高新区工作会议在北京召开。

1992 年 11 月，在邓小平同志南方讲话精神的推动下，基于专家组对 16 个城市的调查，国务院又批准成立了 25 个国家高新技术产业开发区。

1997 年 6 月，为推动农业高新技术产业的发展，解决干旱、半干旱地区的农业发展和 21 世纪的粮食问题，国务院批准建立了杨凌农业高新技术产业开发示范区。

2007年1月，国务院批准宁波高新区升级为国家级高新技术产业开发区，批准苏州工业园享受国家高新区优惠政策并进入国家高新区管理序列，形成"54+1"格局。

2009年3月，国务院批准湘潭、泰州高新区升级为国家级高新技术产业开发区，形成"56+1"格局。

2010年9月26日，国务院批准芜湖、东莞、肇庆、昆山、柳州、济宁、烟台、营口、安阳、南阳、渭南、白银、昌吉13家高新区升级为国家级高新区，形成"69+1"格局。

2010年11月29日，国务院批准唐山、燕郊、辽阳、延吉、齐齐哈尔、绍兴、蚌埠、泉州、新余、景德镇、宜昌、江门、银川、青海14家高新区升级为国家级高新区，形成"83+1"格局。

至此，20年来全国成立了83+1个国家高新技术产业开发区。

二、伟大巨变

20年来，在党中央、国务院的关怀和社会各界的大力支持下，国家高新区立足自主创新、科学发展，实现了跨越式发展。

国家高新区企业从建区初期的2587家达到现在的5万多家，从业人员从1991年的14万人增加到2009年的810万人，实现营业总收入从1991年的87.3亿元增加到2009年的78706.9亿元，工业总产值从1991年的71.2亿元增加到2009年的62251.4亿元，工业增加值2009年已达到15416.7亿元。截至2009年，实现营业总收入年均增长40.9%，工业总产值年均增长40.6%，实现利润年均增长36.1%，上缴税额年均增长42.3%，出口创汇年均增长44.0%。收入上亿元的企业从1991年的7家发展到2009年的6780家。一大批民营高科技企业脱颖而出，新的经济增长点不断涌现，对地方经济发展的贡献率日益显著，国家高新区的作用日益彰显，在立足科技进步、推动经济社会和谐发展中发挥了示范作用。

经过20年的发展，国家高新区已成为所在地区的高新技术密集区、自主创新前沿区、生态工业示范区和现代化新城区。

三、应对挑战

"十一五"期间,国家高新区产业化环境显著优化,大批科技型企业迅速成长,创新成果大量涌现,高新技术产业已经具备相当规模和竞争力。特别是在全球金融危机中,国家高新区积极应对挑战,仍保持了较快发展。

2008年、2009年两年国家高新区积极应对国际金融危机的不利影响,率先落实国务院9号文件,主要经济指标仍保持了17%以上的增长速度。很多地方政府将国家高新区以及省级高新区作为应对金融危机、保增长、调结构的重要抓手。按照国务院文件精神,北京、陕西、山东、广东、湖北等省市纷纷出台了关于应对金融危机、加快高新技术产业开发区发展的意见,推动区域产业结构调整,实现新的跨越。

2009年,国家高新区实现生产总值23116.5亿元、工业增加值15416.7亿元、出口创汇2007.2亿美元,占全国总份额的比重分别达7%、9.8%、16.7%。

2010年前三个季度,国家高新区的工业增加值、实现利润、出口创汇同比增长20.6%、45.1%、27.7%,增幅分别高于全国平均水平13.1%、55.7%和49%,显示出较强的活力和抗风险能力,呈现出持续的发展势头。

四、开拓创新

国家高新区"人才高地"作用日益突出。2009年,国家高新区从业人员中大专学历以上人员占总数的47%,有硕士、博士学位者35.4万人,归国留学人员3.6万人。在国家高新区的热土上成长起一大批高层次创新创业人才,其中很多人已经成为所在领域的领军人才。

国家高新区构建了以企业为主体的技术创新体系。国家高新区充分发挥企业创新主体的作用,创新活动非常活跃,技术、产品、商业模式不断推陈出新。2009年,国家高新区的企业研发投入超过全国研发投入总量的1/3;区内企业授权的发明专利为16020件,占国家全部企业授权总量的近50%,每万人专利拥有量已接近先进国家的水平。一批具有核心竞争力的企业如华为、联想、中兴、百度、京东方、尚德等开始走出国门，参与国际竞争。

国家高新区催生了一批有影响力的产业集群。国家高新区建立了从技术研发、技术转移、企业孵化到产业集聚、集群的一整套产业培育体系，集聚了全国50%以上的高新技术企业，贡献了30%~50%主要高新技术产品的产值，已经成长起一批竞争力强、市场占有率高的产业集群，如北京中关村的芯片设计、上海张江的集成电路制造、武汉东湖的光纤光缆、深圳的通信设备、大连的软件外包服务、无锡的光伏太阳能等。目前国家提出的新能源、节能环保、电动汽车、新材料、新医药和信息产业等战略性新兴产业都可以在高新区找到相应的科技成果或产业萌芽。

国家高新区探索了又好又快的发展模式。2009年，国家高新区人均GDP为28.4万元，万元GDP能耗0.5吨标准煤，不到全国平均水平（1.077吨标准煤）的一半，最低的已达到0.3吨标准煤。国家高新区的土地利用效率、投资强度和投资效益都远远高出全国平均水平，实现了土地资源的高效利用和产出。同时，国家高新区积极推动绿色生产和循环经济的发展，80%的国家高新区获得环保总局ISO14000环境体系的认证，生态建设稳步推进，为实现又好又快发展提供了成功的示范。

国家高新区引领了区域的科技创新与发展。经过20年的发展，国家高新区已成为当地重要的经济和科技中心。一半以上的国家高新区经济总量占所在城市比重达到20%以上。国家高新区集聚了700多家工程（技术）研究中心和开放实验室、超过300家技术测试平台，成为服务和带动周边地区科技进步的重要力量。此外，国家高新区还通过产学研合作、技术交易、产业配套、管理模式输出等方式带动区域经济发展。2009年，中关村园区的技术合同成交额突破900亿元，其中60%以上输出到北京以外的地区。

五、新的追求

当前，国家高新区发展进入了机遇和挑战并存的重要时期。从全球看，国际金融危机正深刻地改变着世界经济，抢占未来发展制高点正在引发新一轮科技竞争和创新高潮。无论是发展中国家还是发达国家，纷纷将高科技园区发展提升到国家战略的高度，体现了力图在全球经济竞争中占据主动的战略意图。我国国家高新区将面临更加激烈的国际竞争。从国内看，我国正处于转变发展方式、调整经济结构的重要关口，提高自主创新能力、建设创新型国家的进程中将有许多重要任务等待国家高新区完成。特别是在发展战略性新兴产业方面，国家高新区大有可为。

20年前，党中央、国务院高瞻远瞩，及时布局并启动了国家高新区建设，打下了我国高新技术产业发展的组织基础，今天国家高新区已经成为能够承载国家战略的一支重要力量。党中央、国务院对国家高新区的发展提出殷切希望。温家宝同志2006年在全国科技大会上对国家高新区的发展提出了"四位一体"的目标定位，即"要成为促进技术进步和增强自主创新能力的重要载体，成为带动区域经济结构调整和经济增长方式转变的强大引擎，成为高新技术企业'走出去'参与国际竞争的服务平台，成为抢占世界高新技术产业制高点的前沿阵地"。高新区未来要以推进"三类园区"建设为基本框架，全面推进科技金融、高层次人才、现代产业体系等相关工作，特别是要集聚资源大力培育和发展战略性新兴产业，这是国家高新区"十二五"期间的核心任务，也是未来重要的发展空间。

未来十年是我国实现全面建设小康社会目标的重要机遇期，国家高新区要站在新的起点上，更加突出提高自主创新能力、建设创新型国家的国家战略，在经济社会发展中继续发挥好"引领、示范、辐射、带动"作用，实现以下战略目标。

1. 自主创新的战略高地

高新区要努力培育企业的创新能力，在创新引领、创新态势上下功夫，成为国家的创新中枢，成为带动区域创新能力的引领和示范。国家高新区企业研发投入要保持占到全社会研发投入的1/3，企业授权发明专利数占到国家企业授权总量的一半以上，万人专利拥有量已接近先进国家水平。国家高新区还要培育具有创新潜力的高新技术企业群体，形成中国芯、高性能计算机、卫星导航等多项具有战略意义的成果，进一步推动华为、联想、百度、尚德等一批具有核心竞争力的企业走出国门，参与国际竞争。

2. 战略性新兴产业的核心载体

重点实施"战略性新兴产业培育工程"，引导支持国家高新区在节能环保、新一代信息技术、生物、高端装备制造、新能源和新材料等领域重点打造10~15个国际竞争力集群，树立国际竞争优势；发展20~30个特色优势集群，引领当地经济发展，促进经济结构调整和发展方式转变。

3. 实践科学发展的先行区

进一步厘清战略框架。要着力抓好国务院批准的中关村科技园区、武汉东湖和上海张江园区自主创新示范区的先期发展。根据各区域高新区发展的基础，进行三类园区建设的规划指导。要实施分类管理，有所区别，不能统一模式、统一评价。培育竞争态势和新业态，结合中西部地区的发展，结合城市化建设，高新区在城市中率先作出试点。

在国务院批准建立国家高新区20周年、科技部启动实施"十二五"规划之际，国家高新区将继续高举旗帜，积极推进体制机制创新和产业组织创新，坚持走内涵式发展道路，加快以增强自主创新能力为核心的"二次创业"的步伐，在积极创建一流园区、和谐园区和创新型园区的过程中不断提升发展的能力和潜力，在新的环境下不断展现新的成就和风采。

第3章 香港科技园创新发展战略研究

一、世界进入创新全球化时代

创新是国家繁荣富强和人类文明不断进步的基石，也是改变世界经济格局的重要力量。新的工业革命已经到来，全球产业正在发生深刻的变革。从蒸汽机诞生开启的第一次工业革命，到电气发展为标志的第二次工业革命，再到数字化技术引领的第三次革命，人类社会已经步入以混合制造开启的新工业革命阶段。20 世纪 90 年代开始的创客运动，以及互联网信息技术与可再生能源的结合，带动生产的组织方式发生巨大转变，为创新创业提供了更多机会，新的生产力和新业态层出不穷，世界步入新技术革命的孕育期和创新活动的爆发期。大数据、云计算、移动互联网发展迅速，信息技术深入发展和广泛应用，新材料、新能源等新一轮技术创新不断取得突破，将为全球经济注入新的活力。同时，创新的周期缩短、频率加快，创业的周期也大幅缩短，创业动力空前高涨。20 世纪，福特用 100 年成就了自己的辉煌；进入 21 世纪，Google 仅用了 10 年、Facebook 仅用了 5 年就成就了同样的辉煌。

全球化分为制造业全球化、服务业全球化和创新全球化三个阶段。21 世纪以前，制造业全球化以外包等产业分工国际化和新兴国家与区域的崛起为特征。进入 21 世纪，由于设计、研发环节逐渐独立，传统的地缘导向发展模式淡出，通过服务业转移调整产业结构的服务业全球化特征显现。

创新全球化是全球化的核心之一，包括创新资源配置的全球化、创新活动的全球化、创业活动的全球化和创新服务的全球化等。创新全球化正在改变着创新资源配置方式和产业组织形态。2008 年爆发的国际金融危机使世界各国更加深刻地认识到创新对推动经济发展的巨大作用，纷纷制定创新战略，加大研发投入，争夺人才，推出新规划。创新全球化的加速体现在创新资源在全球布局的加快、知识和技术成为最有价值的商品、风险资本成为推动创新全球化的主要力量。新思想、新模式、新创业和新产业成为聚集创新要素的重要"磁体"。全球创新尖峰地区以创新为动力，以创业为主导，对新兴区域形成辐射关系。

亚洲是当今世界发展最具活力和潜力的地区之一。亚洲在七大洲中面积最大，人口最多，有 40 多亿人，占全球人口的 60%。"二战"后，亚洲国家在和平稳定的环境中创造了亚洲奇迹，GDP 由 1952 年占全球的 15% 上升到 30%，成为与美、欧并驾齐驱的三大板块之一。20 世纪 90 年代初，美国著名经济学家保罗·克鲁格曼成功预言了 1997 年亚洲金融危机，他提出亚洲奇迹是建立在浮沙之上，没有技术创新的依托，而大量资金涌入房地产和金融，迟早幻灭。亚洲国家只有开启创新之路才能跟上时代，重振雄风。

二、飞速发展的中国科技

当今世界，新兴经济体成为全球化的新动力，国际格局发生许多新变化。中国作为新兴经济体的重要国家，在全球化创新中的地位和作用不容忽视。

过去三十多年，中国实现了国内生产总值年平均 9.8% 的高速增长，这在人类史上是从未有过的。6.8 亿人脱贫，3.5 亿人进城，修建公路 200 万 km，修建铁路 7 万 km。2013 年，中国高速铁路运营里程达 1.1 万 km，居世界首位。全国高等院校在校生 2468 万人。2013 年，全国就业人员 76977 万人，居民储蓄存款余额达到 447602 亿元，城镇化率已达 53.73%。中国基础设施建设与制造业在世界上已具有比较优势，钢铁、水泥等 220 多种工业品产量逐步跃居世界第一位。自 2010 年起，中国经济总量超过日本，成为世界第二大经济体。2012 年中国制造业产量占全球制造总量的比重超过 20%，超越美国，成为公认的制造大国。

高速的经济发展带来了民生的极大改善。当前，中国每年新建建筑约 20 亿 m^2，全国 1000 多所大学每年招生 600 多万人，13 亿城乡居民参加基本医疗保险，全民医疗体系初步形成，居民平均预期寿命 74.8 岁。

高速的经济发展得益于科技创新的极大提升。2013 年，全社会研究与试验发展经费支出 11847 亿元，研发投入占 GDP 的 2.08%，其中企业与社会的投入占 76% 以上，中央财政科技投入达到 2700 多亿元，研发人员总数达到 360 万人。2013 年国内有效发明专利达 59 万件，其中企业占比超过 54%；国际专利申请量占全球申请量的 10.5%，达到世界第三位。全国技术合同成交额超过 7469 亿元，高技术主营收入突破 11 万亿元。我国的科技攻关计划、星火计划、火炬计划、科技成果重点推广计划、攀登计划、国家重点实验室、科技人才创新计划都取得了重大进展。我国在航天、高速铁路、电力、海洋、能源、信息、超级计算、路桥建设等工程技术和重要产业领域都已进入国际先进行列。

2013 年，中国参与研究和实验的从业人员居世界第一位，中国国际科技论文数量居世界第二位。2012 年 1 月 25 日，美国霍华德·休斯医学研究所（HHMI，全球规模最大的非营利性私立医学研究所和基金会）宣布了 28 名当选的"国际青年学者（IECS）"获奖者，其中有 7 位来自中国。我国学者近 30 年在《自然》《科学》两个世界顶级期刊上发表论文的比例逐渐增大，尤其是进入 21 世纪后大幅跃升。

与此同时，我国的开放创新也取得了显著进展。我国已经和美国、德国、日本、加拿大、法国等 154 个国家和地区建立了科技合作关系，国家科技合作逐步实现了国际开放。我国的科技人员已经加入 1000 多个国际科技合作组织，200 多名科学家在其中任职，跨国公司在我国设立了 1300 个研发中心。

我国科技取得了许多重要成果，在量子通信、超级计算机、航空航天、人工光学晶体、新超导体、基因组学、干细胞研究等方面连续取得显著进展。例如，大亚湾中微子实验发现了新的中微子震荡，首次利用 iPS 细胞成功培育了具有繁殖能力的小鼠，分化和靶向治疗急性早期幼粒白血病取得重要进展等。又如，在纳米科学方面，我国学者发表的论文数量、引用总数、高引用次数指数和篇均引用数等评价指标均仅次于美国，世界排名第二，显示了我国在纳米研究方面成果显著。

三、创新驱动，建设创新型国家

2006 年，我国召开创新大会，制定了自主创新的发展战略，提出了建设创新型国家的目标，这标志着一个创新时代的开始。党的十八大报告指出，科技创新是提高社会生产力和综合国力的战略支撑，必须摆在国家发展全局的核心位置，并提出实施创新驱动发展战略。2014 年 5 月 10 日，习近平总书记在河南考察时提出"三个转变"的要求：推动中国制造向中国创造改变、中国速度向中国质量转变、中国产品向中国品牌转变。

创新驱动发展的核心是坚持科学发展。首要条件是改革驱动，转变思想观念。制度创新重于技术创新，人才激励重于技术开发，营造环境重于聚集要素，作为创新"软件"的创新创业文化重于厂房设备等创新"硬件"。建设创新型国家的国家意志一定要转化为企业行为，才能落地生根、开花结果。

创新驱动并非科研驱动。科研是将财富转化为知识的过程，创新则是将知识转化为财富的过程。科研可以为创新夯实基础，创新则是科研的重要目标。将知识转化为财富的创新有三个关键着力点：一是发展技术市场，解决技术转移和资源配置问题；二是推动创业和科技型中小企业成长，解决创新主体的培育问题；三是发展科技园区，解决要素聚集和载体建设的问题。创新驱动的落脚点是发展，由创新创业到创富，包括创造国民、国家和全人类的物质和精神财富。

1. 发展技术市场，促进技术转移

现代市场体系包括商品市场和生产要素市场，其中生产要素市场又包括劳动力市场、金融市场、土地市场和技术市场。同其他要素市场的功能类似，技术市场具备资源配置、价值发现和规范交易的功能，但更大的作用是激励创新。目前，全国共有地方技术市场管理机构1000余家，技术合同认定登记机构800余家。以法律、法规、规章和金融、税收激励政策为主体的技术市场制度和管理体系日趋完善。1984年到2013年，全国技术合同成交额从7亿元增长到7469亿元，增长1000多倍，年均增幅超过20%。

当前，以科研院所、高等院校为主导的技术开发体系正在向以企业为主体、产学研结合的技术创新体系转变。在这个过程中，技术转移起到了重要的推动作用，包括合作研发、产权和股权转移、技术创业、人才流动、技术并购和资源共享等多种形式。目前，全国技术转移机构超过2万家，技术（产权）交易所有30家，技术转移联盟有20个，创新驿站网络覆盖26个省市，形成了技术转移网络化体系和人才培养体系，催生并培育了科技服务业。

2. 推动创新创业，培育原创产业

1987年，根据联合国企业孵化器专家拉卡卡的建议，时任国务委员兼国家科委主任的宋健同志提议在中国发展孵化器，制定火炬计划，把孵化器作为中国建设科技园区的突破口和重点。27年来，孵化器的创办影响、改善和优化了国家创新创业

的环境。目前中国的孵化器数量、面积居世界第一位，孵化企业数量也是世界第一。2013 年，中国科技企业孵化器已达 1468 家，孵化面积 5379.3 万 m^2，在孵企业 77677 家，在孵企业的从业人员 158.3 万人，孵化器的大专以上学历人员达 113 万人，留学回国创业 1.98 万人，累计毕业企业 52146 家，申请知识产权保护 119150 项，批准知识产权保护 75143 项，在孵企业研发投入 377 亿元，在孵企业获风险投资 357 亿元，在孵企业累计获财政资助 151.6 亿元。全国有国家大学科技园 94 家，面积 775 万 m^2，孵化企业 8204 家，累计毕业企业 6515 家，累计毕业企业总收入 1178 亿元。当年新孵化企业 2028 家，在孵企业人员 14.7 万人。

近年来我国在孵化器创新上做了许多探索，科技企业孵化生态系统逐步形成。例如，推行"苗圃+孵化器+加速器""创新导师+创业投资+专业孵化""金融+孵化"等模式，可以满足企业在不同成长阶段的需求。清华科技园整合政、产、学、研、金、介、贸、媒等多方资源，构成聚集、聚合、聚焦、聚变的发展模式，并复制到全国多个城市，形成园区网络。武汉创业中心率先将事业单位改制为公司运营，建立了产权式的孵化器光谷创业街，并已扩散到国内几个点。上海国际企业孵化器采用一器九基地模式，加强协同创新。北京中关村创业街创造了创新型孵化器模式，将创新创业的技术、人才、资本、培训、导师、信息诸要素聚合在一个街区，营造创新生态圈，为创业提供了便利条件，形成传统孵化器与创新型孵化器并存、实体孵化与虚拟孵化结合的格局。中关村创业街的车库咖啡、3W 咖啡、Binggo 咖啡和黑马会四家创新型孵化器各具特色，创新发展。中国已是全球孵化器的大国，正向高质量的现代孵化水平提升，提供超前服务和个性化服务，向孵化器强国迈进。

中国未来 30 年的增长在于原创产业的发展。2013 年 11 月，英国《经济学人》杂志刊文《中国制造》，使中国"创客"成为全球关注的焦点。创客起源于 DIY（Do It Yourself）文化和美国硅谷"车库精神"，是指利用开源硬件和互联网将各种创意变为实际产品的人。创客利用小微企业在自主创新方面的优势，将创意转化为产品。创客运动 2009 年来到中国，时间虽短，发展迅猛。创客运动依托国家强大的创业生态体系和丰富的人力资源，形成了北京、上海、深圳三大创客文化圈。目前全国初具规模的创客空间有近 20 家，其中北京的"创客空间"、上海的"新车间"、深圳的"柴火空间"、杭州的"洋葱胶囊"较为著名。北京的"创客空间"目前与深圳等地的企业成功合作，已经生产了多个创业产品。上海市的社区创业屋鼓励普通市民开展创意和创新实践活动。创客以蓬勃的生命力渗透和融合于互联网、加工制造、文化艺术、建筑、医疗、服装等行业。中国的创客依托完善的制造业生态体系，将成为未来工业体系和经济转型的发动机。创客的发展推动了以人为本的大众创新，引领着制造业的转型发展。创客作为一个新生的群体和新型的创业形态，已经呈现出良好的发展势头。中国的创客创新如火如荼，新创意、新创新层出不穷。

作为原创产业发展的重要支撑，全国创业风险投资机构已经达到1408家，其中创投企业1095家，全国创投管理资本总额3573.9亿元，累计投资总额2634亿元，创投高新技术项目6779项，投入资金1300亿元。国家科技型中小企业创新基金2013年支持中小企业创新项目6446项，当年获中央财政支持的金额达79.5亿元。

3. 建设科技园区，打造创新驱动的核心载体

1991年，国务院批准建立26个国家高新技术产业开发区（以下简称国家高新区），并制定了系列配套扶持政策。随后，杨凌、宁波等地国家高新区陆续建立。2013年，中国内地科技园区达114家，园内企业达71180家，总收入达20.3万亿元人民币，工业总产值15万亿元人民币，从业人员1460万人，净利润12443亿元人民币，交税11043亿元人民币，出口创汇4133亿美元，累计利用外资1549亿美元。区内产值超亿元的企业达15710家，超十亿元的企业达2715家，超百亿元的企业有319家，超千亿元的企业有4家。园区内上市企业有1186家，创业微小企业有40万家，三资企业有10791家（图3.1）。

中国高新区已经成为创新人才的栖息地、高新技术企业的发源地和自主创新的示范区。2013年，区内科技活动经费支出5643亿元，其中研发支出3489亿元，占全国企业投入的38.2%，占GDP的5.5%；拥有发明专利187916项，当年专利授权166389项，全年授权发明专利50962件，当年欧美专利授权2866项。2013年园内已聚集了上百万人的创业团队，其中留学生9.7万人，博士生7.8万人，硕士生66.5万人。园内全年聘用应届大学毕业生48.6万人，大专以上学历760万人。华为、中兴、联想、阿里巴巴、百度、腾讯、中联重科成为全球知名企业，中关村芯片设计、集成电路制造、武汉光谷通信、深圳通信设备等具备了一定规模和国际竞争力。科

技园成为创新驱动的重要载体和一张亮丽的名片,一批创业者在这里梦想成真,成就了辉煌。

20世纪90年代和现在的深圳高新区　　20世纪90年代和现在的成都高新区　　建设初期和现在的威海高新区

图3.1　创造了中华大地上一个个发展奇迹的高新区

新时期,国务院批复北京中关村、武汉东湖、上海张江等地建设国家自主创新示范区,实施一系列自主创新的改革试点,在发展模式转变、创新型国家建设、战略性新兴产业培育、工业化和城市化融合、国际合作与发展以及体制机制创新等方面进行探索,标志着国家高新区被赋予了更重要的责任和使命,在国家战略层面上升到了一个新的高度。

全国设立火炬特色产业基地342个,2013年工业总产值81647亿元,上交税额4407亿元,出口创汇1560亿美元;企业达102893家,其中高新技术企业7598家,上市企业569家,收入上亿元的企业1748家,从业人员893万人;企业技术中心5333家,科技服务机构4217家,孵化器622家,研发投入2167亿元,申请国内专利226605项,专利授权122746项。全国软件产业基地有41个,面积达3877万 m^2,软件企业达33643家,上市企业389家,收入超亿元的企业1912家;软件从业人员264万人,2013年软件总收入20171亿元人民币,出口创汇295亿美元,利税总额3046亿元人民币;2013年软件研发经费支出775亿元,自主版权软件收入5336亿元,拥有软件著作权登记数123880件,拥有软件产品登记数93569件。2013年全国生产力促进中心达2581家,服务企业38万个,服务总收入139亿元。

在高新区和各类产业基地的带动下,移动互联网、物联网、新能源、文化创意、研发外包等新兴产业迅速成长,高技术产业占比加大,产业结构不断优化。相当一批国家高新区的工业增加值和GDP在所在城市中占有较大份额,成为带动区域经济增长的重要力量。

综观世界,信息网络、清洁可再生能源、新材料与绿色智能制造、生物医药、节能环保、新能源汽车等领域正酝酿着科技创新突破与产业革命,人类正在进入创新科技文明的时代。美国力图保持其科技创新领先优势并致力于重振实体经济;德国推出以网络智能制造为核心的"工业4.0"战略,力图保持高端装备制造领域的竞争优势;日本致力于发展智慧协同机器人和无人工厂;印度等新兴经济体快速发展……我们既面临发达国家重振实体经济和新兴发展中国家低成本制造竞争的双重挑战,也面临世界新科技革命与产业变革和我国经济发展转型交汇的难得历史机遇期。我们要坚定不移实施科教兴国战略和创新驱动战略,坚定不移走科技强国之路,破除一切制约科技创新的思想障碍和制度藩篱,打通从科技强到产业强、经济强、国家强的通道,让一切创新源泉充分涌流,加快转变经济发展方式,加快调整经济结构,加快全面深化改革的步伐,迈向创新强国的新征程。

实施创新驱动的发展战略,最根本的是要增强自主创新能力,最迫切的是要破除体制机制的障碍,力争最大限度解放和激发科技作为第一生产力所蕴藏的极大的潜能,坚定不移地走中国特色的自主创新道路,坚持自主创新、重点跨越、支撑发展、引领未来的方针,加快创新型国家建设的步伐,以持续的创新争取早日实现伟大的中国梦!

四、科技园区典型案例及支持措施

(一)典型案例

1. 美国硅谷——世界创新科技的引领者

硅谷是高科技创新的开创者。在硅谷,大部分公司实行科学研究、技术开发和生产营销三位一体的经营机制，高学历的专业科技人员往往占公司员工的80%以上。目前硅谷已集结美国各地和世界各国的科技人员达100万人以上，其中美国科学院院士在硅谷任职的就有近千人，获诺贝尔奖的科学家达30多人，高技术职位的平均年薪居美国之首。截至2012年，硅谷企业总数达3万家，总收入达6525亿美元，企业从业人员138万多人，平均每家企业的人员不到50人，上市企业350多家，企业研发投入达到销售收入的5%，专利授权达到13500多件。高效、灵活、精英是硅谷企业最好的写照。

笔者通过研究硅谷的创业案例发现，硅谷具有永不停息的创新活力，具体表现在：一是在优势行业之上进行持续创新，发掘未来发展的方向；二是聚集全球最优秀的人才，缔造全球创新中心和创新的高地，如带动硅谷信息技术发展的人才60%毕业于美国本土之外，这种多元文化激发了各种不同的创意；三是试错文化，硅谷不提倡项目之初就搞定一切，而是试验改进，再试验再创新，建立了一个快速反应、敢担风险、快速产品研发流程的氛围，反复试验、反复创新，不怕失败，永不停息；四是创新精神，硅谷的主导产品在20世纪60年代是半导体，70年代是处理器，80年代是软件，90年代是互联网，追求创新是硅谷公司发展的根本。硅谷平均每天产生几十项推动世界科技发展的成果，奠定了其世界最大创新区域的地位。

在硅谷，不管公司大小，如果不能保持创新就有可能被淘汰出局。硅谷还提倡居安思危，反对停滞不前。他们说，"产品没有一天找不到改进的地方，创新没有一刻可以停止"。这种创新精神值得我们借鉴。

有人说硅谷已经发展到了顶峰状态，开始走下坡路，跟不上潮流，主要表现是新增的就业岗位不多，房地产价格高，以及旧金山街头的抗议。实际上，硅谷高科技的地位并没有动摇，仍然引领着世界科技创新。一是引领智能制造时代。据协力经济咨询公司统计，2012年硅谷的普通员工比美国其他行业的普通员工年产出要高50%。过去，软件在硅谷占据了支配地位，现在，硬件发展迅速，各种可穿戴装置、移动医疗设备、无人驾驶汽车、无人机、3D打印设备和传感器等都被物联网和运输平台连接到一起，进入智能制造引领的时代。二是人才、资金充裕。硅谷是美国最具文化多样性的聚集区，硅谷的移民相比普通移民拥有学士学位的高出一倍，移民的净流入量仍在持续攀升，富有经验的工程师等人才不断涌向硅谷。此外，硅谷的大学,如斯坦福大学、加利福尼亚大学伯克利分校、圣克拉拉大学和南佛罗里达医学院,不断地向硅谷输送优秀人才。卡内基梅隆大学和沃顿商学院等学府也在硅谷开展了卫星计划和建立了伙伴关系。硅谷仍是世界风险投资的中心,整个硅谷风险投资额超出了美国其他地区风险投资的总和。硅谷将开始一场彻底的改变,再次引领新技术革命和全球经济的高科技化。

2. 以色列克拉维夫科技园——在资源匮乏区崛起的奇迹

以色列是名副其实的创新国度,其自然资源奇缺,但却拥有世界一流的高科技园区。在以色列克的克拉维夫科技园,几乎聚集了世界顶尖的高科技公司,手机、ICQ、VOIP、WiFi、移动硬盘技术都从这里诞生。迄今为止,克拉维夫的企业达4000家,其中上市企业达62家,研发投入达80多亿美元,研发强度高达20%以上,是世界高科技园区投入强度最高的地方。在以色列,每4个从事高科技行业的人就有1个来自克拉维夫。它每年吸引国际风险投资基金达几百亿美元,产生的新公司比加拿大、日本、中国、印度、英国都多。以色列人均风险资本投资是美国的2.5倍,是欧洲国家的30倍,是中国的80倍,是印度的350倍。以色列整个国家企业创新创业十分活跃,而以克拉维夫最为突出。

克拉维夫科技园区的发展与以色列政府的大力支持分不开。由于资源匮乏,加上与阿拉伯各国的关系紧张,以色列对于军事和科技的重视程度非常之高,并且不计成本地投资高科技孵化项目,扶持了一大批科研实验室、中小企业,并且以克拉维夫大学为中心建设了面积庞大的科技园区,聚集了国际和本土绝大部分的高科技公司,如英特尔、微软、谷歌、IBM等。克拉维夫发展迅速,被纽约《新闻周刊》评选为"全球十大高科技城市之一"。

3. 印度班加罗尔——发展中国家软件园的代表

印度是世界软件强国之一,目前全世界约75家资质为优等的软件研发企业中有45家在印度,而其中有近30家在班加罗尔。印度班加罗尔聚集了高科技企业4500家,其中1000多家有外资参与,已成为全球五大信息科技中心,被IT界人士认为已经具备了向美国硅谷挑战的实力。现在,班加罗尔拥有11万名IT外包员工,为美国、欧洲、日本以及中国的企业提供程序编写、芯片设计、计算机维护、金融以及其他服务。班加罗尔的研发投入达到5%以上。

班加罗尔的优势在于：一是宜人的气候，班加罗尔终年气温在25℃左右；二是丰富的人力资源，班加罗尔是印度高等院校科研机构集中的地方，有印度理工大学、班加罗尔大学、农业科技大学、航空学院等10所综合性大学和70家技术学院，每年可培养1.8万名电脑工程师；三是政府的支持，1999年印度成立IT产业部，是世界上少有的设立IT部门的国家之一，2000年印度IT法案生效，为该国电子商务提供了法律保障。政府还制定了多项优惠政策，包括完全免税的进口硬件和软件。

4. 中国台湾新竹科技园——高科技产业的摇篮

中国台湾新竹科技园被誉为"高科技产业的摇篮"，20世纪曾经号称全球第三大工业园区。

新竹科技园的特点主要是行政主导、效率较高，因此其在建设初期很快就成为世界著名的科技园区，其高科技产业走进了世界前列。其具体特点为：一是企业规模大，经济活跃。2004年，新竹园区共有企业384家，平均雇员295万人；2012年新竹园区企业达477家，平均每家雇员305人。企业融资力量强，上市比例高，上市企业超过1/4。二是企业以内资为主导，以留学人员创业为重点。2004年，共有内资企业335家，占全部企业的87.2%；留学人员创办的企业116家，占全部企业的30.2%。跨国企业是当地企业重要的采购商，也为新竹的企业带来了新技术和先进的管理模式。三是企业研发投入高。2003年企业研发强度达到6.9%，主要集中在集成电路领域，占研发经费的78%。四是企业创新能力强，高投入带来了新竹企业创新的高产出。2003年新竹的专利授权数量为3026件，平均每家企业有8件专利，每千人拥有29件。其中，集成电路的专利授予达2426件，占全部专利的80%。

可以说，台湾新竹企业已经完成由模仿创新到自主创新的转型，其主要原因为：一是台湾科研院和工业技术研究院贡献重大，工业技术研究院以台湾地区的产业需求为研究目标，取得了重大进展；二是台湾地区政府的支持，台湾每年通过科技评奖和科技基金支持等激励措施鼓励企业加强创新、加大研发投入；三是企业文化的支撑，台湾新竹园区创新文化活跃，传统的"宁为鸡头，不为凤尾"的观念成为企业家独立的创新精神的源头，大量的优秀人才被吸引到园区，为园区带来了先进的技术和管理，成就了大批科技型企业家。

但是有研究表明，近些年台湾地区的民主制政治造成了社会混乱、法制弱化，经济一直走下坡路，大量的人才和资源投入民主政治，创新受到了伤害，高技术产业发展前景出现了风险困难和不确定性。

（二）科技园区发展经验和支持措施

1. 建立保障科技园区发展的法律体系

扶持和发展高新技术产业和高科技园区，已成为世界许多国家（或地区）重要的政府行为，政府对发展高新技术的支持已经制度化和法制化。立法的最大优势在于可以突破旧有制度的束缚，细化相关法律规定，通过制度创新促进技术创新和园区发展，同时构建法律体系有利于明确权限、规范管理。

（1）以园区为对象的立法

以成文法的形式制定专门的园区立法主要存在于大陆法系国家和地区，如日本、韩国以及我国的台湾地区，英、美、法国家针对园区的立法较少。日本为了建设筑波科学城，于1970年制定了《筑波学园城建设法》，1974年颁布了《筑波学园城建设法令》；韩国为了促进大德科技园区发展，1994年制定了《大德科技园区管理法》，并从2004年开始陆续制定了《大德研究开发特区培育特别法》《大德研究开发特区培育特别法实施令》《大德研究开发特区培育特别法实施细则》等法律法规，加强对大德园区的管理；我国台湾地区2004年制定了《科学工业园区设置管理条例》以更好地发挥科技园区在技术创新方面的作用。

（2）促进科技园区发展的立法

除针对科技园区的立法外，很多国家和地区出台了支持企业创新发展、产业创新等的法律规定，从不同方面促进了科技园区的发展。2009年，日本针对金融危机后国内外经济形势变化制定了《促进产业活动革新的产业活力再生特别措施法等法律部分修正案》，其中对三部较为重要的法律进行了修订，从支持企业创新发展的体制机制、财政支持以及扩大内需等多个方面对国内科技法律体系进行了重要调整。我国台湾地区于2010年制定了《产业创新条例》，目的在于促进产业创新、改善产业环境、提升产业竞争力。

2. 建立适应科技园区发展的管理体制

（1）日本

《筑波学园城建设法》是由日本国会制定的全国性法律，立法层级较高。一般而言，日本由中央立法机关制定的法律通常是针对全国范围内具有普遍意义的事项，针对特定区域的事项往往制定地方性法规，属地立法机关的职责，但《筑波学园城建设法》却是一部针对特定区域的"国家级"的法律。究其缘由，主要在于：其一，建设筑波科学城不是地方政府的决策，而是中央政府的战略决策，事关日本在未来科技和经济发展中的核心竞争力。将绝大部分公共科研力量集中到筑波的表象背后是日本国家意志的体现。其二，筑波科学城的建设任务仅凭地方之力是无法完成的。它涉及公共科研项目的重新布局、科研投入的重新分配，也必然涉及既得利益的再分配，没有中央政府的权威和支持，这些工作都无法完成。

此外，《筑波学园城建设法》还为筑波科学城的建设规定了高端的行政管理架构：学园地区建筑计划由内阁总理大臣听取有关地方公共团体的意见，并与有关行政机关首长进行协商后作出决定；内阁总理大臣在研究、决策学园地区建设计划问题时有权要求有关行政机关首长、地方公共团体、日本住宅公团及其他相关者提供资料、陈述意见、提出说明及提供其他必要的协助；内阁总理大臣研究、决策学园地区建设计划时，务必将计划递送有关行政机关首长及有关地方公共团体，并根据总理府令规定公开发表。

在1963年后的30多年时间里，筑波科学城累计获得政府投资高达2.5兆日元，全国国立科研机构大约40%的科研人员和每年40%的科研经费预算都集中在这里。由中央政府直接管理的好处还在于可以使科学城管理机构摆脱地方政府多方的牵制，提高行政管理的效率和执行力。

（2）韩国

韩国《大德研究开发特区培育特别法》规定，科学技术部长官负责制订大德研究开发特区（以下简称特区）培育综合计划，附带限制条件是须与相关中央行政机关长官及所属市、道知事协商。

在科学技术部设立研究开发特区委员会，审议特区培育的下列事项：特区基本政策和制度的事项；制定及变更特区培育综合计划的事项；特区指定、解除指定及变更的事项；培育特区的必要财政支持及人才培养的事项；协调与特区有关的中央行政机关的长官及所属市、道知事之间意见的事项。

《大德研究开发特区培育特别法实施令》规定，研究开发特区委员会常务委员由财政经济部长官、教育人力资源部长官、国防部长官、行政自治部长官、产业资源部长官、信息通信部长官、保健福利部长官、环境部长官、劳动部长官、建设交通部长官及规划预算部长官组成。

（3）中国台湾地区

我国台湾地区为了加强对科技园区的管理，在台湾地区行政管理机构之下设立园区管理局，享有集中对园区进行全方位综合管理权，具体涉及从政策制定、推动技术创新到外籍人员居留管理，再到土地征用等24项全面、实质性的综合管理权限。

3. 重视科技园区的发展规划

（1）日本

重视科技园区的发展规划在日本筑波科学城的建设中得到集中体现。

《筑波学园城建设法》开篇即明确法律的目的是筹划制订关于建设筑波科学研究学园城的综合计划并推进其实施，在建设适于开展试验研究及教育研究的学园城的同时，使其均衡地田园城市化，并对缓和首都圈（原有）人口的过度集中做出贡献。20世纪70年代日本就提出了"田园城市化"的科学城发展理念，可谓具有超前性。

《筑波学园城建设法》中明确规定筑波科学城的建设要制定"学园地区建设计划""外围开发地区完善计划"等，计划围绕人口规模、土地利用、迁移或新建试验研究机关及大学、公共设施和公益设施等事项制定，同时对计划制定程序作了详细且明确的规定，体现了较强的科学性。

《筑波学园城建设法》施行后，1974年日本又制定了《筑波学园城建设法令》

作为补充规定，其中规定筑波科学城应当提供绿地、广场、墓地、水渠、停车场、汽车终点站、火葬场、粪污处理场或垃圾处理场等公共设施，以及图书馆、公民馆、青年之家、体育用设施、儿童卫生福利设施、批发市场、邮电设施、公用电气通讯设施、电力供给设施、煤气供给设施、热供给设施或供销设施等，体现管理者对园区环境的高度重视。

(2) 中国台湾地区

台湾《产业创新条例》规定，产业园区规划中必须包括产业用地、社区用地、公共设施用地等，其中产业用地面积不得低于全区面积的60%，社区用地面积不得超过全区面积的10%，公共设施用地面积不得低于全区面积的20%。

4. 提升综合服务能力

(1) 美国

美国比较重视竞争对手的信息收集工作，鉴于日本科技、经济实力的发展，美国制定了《日本技术文献法》，规定商务部应当收集、翻译、整理日本科技文献，以提高日本科技文献在美国的可获取性。

(2) 中国台湾地区

台湾《产业创新条例》规定，成立专门的资讯服务系统，促进创新或研发成功流通及运用；建立产业人才发展协调机制，加强对重点产业人才的供需调查，制定人才资源发展策略，推动产学研合作的人才培养体制，引进国际产业人才机构。

5. 制定促进科技企业及科技园区发展的优惠政策

(1) 日本

2009年，日本政府为了让日本经济发展能够适应当时国际经济出现的结构性变化，提出了《促进产业活动革新的产业活力再生特别措施法等法律部分修正案》。其中规定，日本政府将出资与民间合作，成立"产业革新机构"股份有限公司，通过"产业革新机构"股份有限公司整合国家资金和民间资本，投资于"事业组合"，目的在于结合公私资源，投资创新活动，包括集结最尖端的基础技术以协助进入应用开发阶段，建立连接创投资本、新创企业和将技术事业化的大企业的机制，以及将有技术优势但埋没于大企业中的技术加以组合，并集中投入人力和资金，以发挥价值。

提高资源生产性企业的经济效益，扩大内需。制定"资源制约对应制品生产设备导入计划"，提高资源生产性企业的附加值和资源消耗量。对于符合计划要求的企业，在税收方面减轻注册税、不动产取得税，允许设备即时折旧，在金融支援方面中小企业购置新设备时将得到债务担保。

政府补偿制定金融机构的投资损失。受金融危机影响陷入资金困境的企业，经认定后将得到"制定民间金融机构"（政策投资银行等）为期3年的资助，如果因接受投资的企业破产致使"制定民间金融机构"遭受损失，将由日本国库弥补民间金融机构的损失。

中小企业事业再生的强化。日本的中小企业在金融危机中受到严重打击，为了使具有"优良事业"的中小企业得以继续发展，日本采取了"中小企业事业再生的强化"措施，即允许具有优良资产的中小企业将优良资产从企业中分离出来，用分离出来的资产成立"第二公司"，"第二公司"可以通过授权的方式使用原有企业的资质。在税制方面，"第二公司"可以免除登记税，不动产登记税由0.8%降为0.2%，同时可以享受多种税率减轻的优惠。在金融方面，"第二公司"可以获得日本国库的低利融资（在基准利率标准上下浮0.9%），享受3种额度的信用担保，可以突破投资公司3亿日元投资额度的限制。

扩大研究组合中可研发主题的技术范围，放宽加入组合成员的资格要求，赋予研究组合组织变更、分割合并的可能性。在税制方面，对于研究组合购入资产的"压缩记账制度"、对于研究组合研究开发所课税赋予以优惠；运用政策金融措施对研究组合成员给予融资支持。

国有研发成果可以低于市价实施，以此促进将成果转化为产业实用的技术。研究机构与企业共同研究的经费支出税收优惠，抵扣额度由10%提高为12%。

（2）中国台湾地区

2004年，台湾地区制定的《科技工业园区管理条例》规定：园区事业自国外输入自用机器、设备，免征进口税捐、货物税及营业税。园区事业自国外输入原料、物料、燃料、半制品、样品及供贸易用之成品免征进口税捐、货物税及营业税。园区事业以产品或劳务外销者,其营业税税率为零,并免征货物税。

科学工业经管理局认定其科学技术对工业发展有特殊贡献者,减免其承租土地五年以内之租金。

在科学技术发展基金或其他开发基金内指拨专款,对符合园区引进条件之科学工业参加投资。前项投资额对其总额之比例,依工业类别,由双方以契约定之,但投资额以不超过该科学工业总投资额49%为限。

五、香港创新机构和科技园企业调研

香港科技园、香港数码港和香港设计中心这三个创新培育中心是香港特别行政区政府迎接新挑战、培育竞争力的重要举措。笔者除调研了上述三家机构外,也调研了20多个创新企业,简要总结如下。

(一)香港数码港调研

香港数码港决心打造成为亚太地区资讯和通讯科技界的领先枢纽。这里信息科技资源设施完善,包括互联网专用数据中心、媒体会议厅、多媒体实验室、录播室等,有120多台智能电视,并具有互动功能。数码港备有无线网络,在数码港任何地方都可以无线上网。这里为软件公司、IT界人士、资讯服务和多媒体内容制作公司提供了完善和先进的资讯科技环境,并在网络设计上预留发展空间,适应客户未来15年发展的需要。这里有先进的资讯及设施,有优美宜人的自然环境,产生竞争互惠的聚集效应,成为众多世界级资讯公司发展的首选和IT界创新创业人才的栖息地。这里推出各项培育计划,培育创新公司和初创企业,举办各项活动,提升创业者的知识面和信息面。数码港推出了三年策略性计划,作为实现数码港愿景的"三部曲"。

1. 启发新一代开创思维

数码港推行实习计划,安排实习生到内地和香港两地的公司实习,至今已有100位实习生受惠,共有2万多名学生参加了50项本地和国际的活动。这些活动提供了展示实力的平台，让实习性的创作得到更多人的认同和赏识，也让每一个学习的时刻成为未来发展的机遇。

2. 扶持业界实力，带动创业气氛

数码港支持初创企业将创意转化为盈利。三年来他们培育了 130 家初创企业，协助初创企业筹集天使资金 1 亿多港元。

3. 借助全球脉络，实现快速发展

由初创企业发展为跨国公司是数码港培育的目标，至今已有 400 多家公司推动了与内地和国际的合作，如在上海设立代表处，创业才俊与全球各地的投资者和近 8000 名业界精英建立了广泛的联系。数码港协助 IT 业人才和团队开启通往全球各地的门户，拓展国际市场，致力于开创新一代 IT 传奇。

培育这"三部曲"，必须具备世界级的基础设施。数码港已将核心网络的容量倍增至 20G/bps，投资建设数码电影交换平台，直播盛事已达 90 项，观看人次超过 2 万。数码港建立了香港首个社群云端平台，出租率达到 91%，且还在上升，举办了 260 项 ICT 活动，为初创公司和已具规模的公司打造交流的平台；开设密集的培训课程，助力企业成长为世界级公司。

（二）香港设计中心调研

香港设计中心秉承以设计创造价值、利用设计创造未来、把香港打造为亚洲设计之都和创意香港的理念，旨在推动香港成为具有高度竞争力和享誉国际的创意中心与设计人才资讯中心。香港是亚太地区设计精英的集中地，处于亚洲最具国际化的大都市的有利位置，便于更好地整合和巩固香港设计中心的地位，推广创意思维，转化创意为生机，建立全球网络关系和开放式、多元化的交流平台，协助本地设计师和企业充分发挥潜能，拓展创新思维和理念，与社会各界包括大学、企业进行合作，并建立与工商机构和设计师沟通的桥梁，推动各行各业在商业营运中注入优秀的设计元素。其设计视野融入科技和创意的新时代，提升了设计水平，带动了设计相关的项目，如带动亚洲举办各种活动，包括云集全球数以千计的知名设计业主的大型活动，其中"设计营商周"已成为国际设计界举足轻重的活动之一。"营商周"还举行了亚洲最具代表性的国际会议和研讨会，并组织评选了亚洲最具影响力的设计奖，包括"青年设计才俊奖""设计领袖奖""世界杰出华人""设计师"等。

（三）香港科技园内20家入驻企业调研

1. 晶门科技有限公司　集团行政总裁梁广伟博士

晶门科技有限公司是在科技园成长的一家公司。香港科技园也是东西方文化的桥梁，可以吸收东西方的先进事物，企业在此基础上创新。很多如晶门一样的企业在香港科技园搞研发，在内地生产，把几方面的优势结合起来创新，因此企业的成长比较好。把研发放在香港很合适，因为香港离内地近、离国内市场也近，还可以实现国内市场与国际市场的对接、融合。企业发展的关键是要有一流的人才，在香港企业能招聘到一流的人才。香港科技园的企业也在力求吸引世界上一流的人才，打造人才优势。香港科技园为优秀的人才提供优越的环境和条件，包括：第一，引进美国等西方国家一些先进技术；第二，利用香港自身的一些优势；第三，背靠内地，结合几种环境的优势集成创新。实际上就是工厂在内地，研发在香港，吸引美国等的先进技术。香港有十几万具有国外留学背景的内地优秀人才，这些人是宝贵的财富，是为香港企业服务的很好的资源。香港科技园是一个一流人才可以待得住的好地方，企业在这里得到了很好的发展。

2. 研品师有限公司　行政总裁冯威棠先生

冯威棠说，他是一个研发产品的工程师，28岁开始和几个年轻人一块儿创业。电子手机是他们创业的起点，其开发的电子手机有钟表、万年历、卫星同步等功能。他们还计划在电子手机中设置玩具、音乐、教育、医疗等功能，准备未来在这方面进行开发。他们的工厂在湖南，订单在国外，研发在香港，现在又把一部分靠近产业的研发放在了广东，成为国外、香港、内地合作的创新型企业，利用科技园企业取得了快速的发展。

3. 得信医疗有限公司　行政总裁徐锦辉先生

徐锦辉认为，企业在科技园享受到了很好的服务，科技园的团队以创新企业为服务对象，其服务是世界上非常先进的。如果企业不是落户科学园，不可能发展得这么快，香港科技园是创新的乐园。得信医疗创业三年，获得了成功，他们开发的医疗器件机器人手能够帮助中风的病人恢复健康。有人说得信的机器人手是"希望之手"，是中风病人的福音。得信在日内瓦还获得了创新大奖，这是40年来香港第一家获得该奖的企业。由于获了奖，企业融资也非常容易。得信医疗在科技园埋头苦干，科技园提供很好的服务，有些还是主动提供的服务，可以说科技园是帮助高科技企业发展的一个很好的基地。

4. Finima Innovations Company Limited　陈桂南先生

这个公司的技术是利用海浪的动力发电，这是很好的清洁能源。但企业还没有实现产业化，只是在实验室里获得成功。现在美国和英国都有这种技术，美国的设备比较大，有400米长，英国的小一些。目前企业还没有融到资，但是他们有信心在科技园里继续成长。

5. 港科研有限公司　主席林晓峰博士

林晓峰是通过参加科技园的"创业培育计划"而展开他的创业生涯的，是典型的大学生创业的成功例子。当时他博士三年级，还未毕业就开始创业，从学生到老板，先后参加了多个创业大赛并获奖，之后在科技园孵化器的帮助下一点点成长起来。科技园的"创业培育计划"提供免费的租金和创新基金，科技园的支持为创业奠定了良好的基础。

港科研是开发动作传感器及相关软件的公司。这个行业的挑战非常大，创业的学生人际脉络少，客户亦不多。科技园定期举办活动，使他们接触到很多客户和企业，而且科技园有其他的企业可以参考、学习和示范，也可以互相联系。科技园提供了多种平台，如举办很多展览会，吸引各地企业或客户来办展览或参观，科技园的企业可以通过展览获得更多行业信息。科技园还会带企业去欧美等世界各地交流及参展，让企业更多地了解不同客户的要求。另外，科技园也举办不同类型的培训，培训怎么谈判、怎么报价、怎么申请专利、怎么获得政府基金的支持。林博士在科技园十年，孵化器三年结束后，企业从科技培训网络中一步一步走过来，还获得了很多订单。在孵化器里，他跟别的毕业生也建立了联系，共同合作。孵化器搭建了一个创新的生态环境。科技园还帮助企业与工业协会的大型企业联系，形成产业的多元化，打造产业链和形成产业集群。科技园培养了很多公司，又带企业走出香港，并帮助其与业界联系，使企业获得了很多发展机会，不断成长。

林晓峰说，通过创业了解到科技园在初创企业的成长中扮演了重要的角色，带企业走向世界，这是一个非常好的计划。但是香港也有自身的弱点，如亚洲的投资者喜欢投资房地产，投资创业比较少，尤其香港，比内地和美国都少。现在亚洲也开始反思这个问题，而香港也有它独特的文化。欧美、新加坡政府都支持本国的创业公司，为它们提供了很多的机会，但内地更多的是提供金钱上的支持，给予的其他机会相对较少，这个问题值得研究。这些机会在某种意义上来说比金钱还重要，获得政府的资金支持固然好，但机会尤其是政府的采购可能更为重要。如果政府鼓励本土科技、本土产品首先进入市场，将是一个极大的支持。美国的军方采购、韩国的消费者支持本国企业，都是美国、韩国创新企业成功的最有利条件。香港科技园致力于培养创新企业，培养明日之星，让大家的创新理念得到世界的肯定，能与优秀人才比拼，为梦想而奋斗，为梦想而拼搏，激发灵感和创意，进而发展成为企业。创新氛围和创意不断扩大，创新的空间和规模能够为企业提供更好的发展环境。除了科技园的企业，由于香港中文大学靠近科技园，科技园也为香港中文大学的创新提供了一个很好的环境。

6. 科韵动力有限公司　行政总裁邹建宏先生

科韵动力公司是做软件的，简单的录音通过他们的软件用计算机可以还原为3D立体声。现在苹果等公司都采用他们的技术，将普通录音还原成3D立体声录音，音质变得非常好。科韵公司的软件取得了成功，与科技园提供的良好的环境有很大的关系。科技园创新的政策以及文化氛围、生态环境都给了企业很大的帮助。

7. **康达医药科技有限公司　行政总裁郑宁民先生、首席财务主任黄国敦先生、首席技术主任陈丽博士**

康达公司落户科技园已有 8 年，之前在香港理工大学研发一种治疗肝癌的新药，获得了美国的临床许可证。公司从 2000 年开始研发这种新药，2006 年来到科技园，是第一批落户科技园的企业。基于香港理工大学的初期研究，在科技园做成了成药。康达公司在香港科技园研发，在上海制药，石家庄华北制药厂负责具体的生产。其研发项目被列为国家"十二五"重大科技创新，也是世界前沿。康达公司之所以选择在香港研发，是因为香港的科技园提供了很好的设备，这些设备外国不允许中国内地进口，但是香港可以。他们利用香港科技园世界一流的设备搞研发，在上海做后期的研发。利用香港国际化的条件与先进的设备，加上内地生产的优惠条件，优势互补，企业发展很快。

8. **水中银（国际）生物科技有限公司　董事总经理杜伟梁先生**

这是一个转基因鱼的故事。水中银的首个服务产品是利用转基因鱼快速检测样本（包括食品、水、护肤保养品、药品和环境）中的雌激素污染。其检测原理是：将一种荧光水母蛋白的基因放到鱼的身上，鱼基因对激素污染比较敏感，但是人们看不见，而荧光水母蛋白可以发光，有了这种基因的鱼遇到雌激素污染的环境，污染程度不同，发光强度也不同，利用这一技术即可监测样本的污染程度。这是一项先进的检测激素污染的技术，是一位教授和他的博士生在 2005 年取得的成果。这项技术参加了创业大赛，并获得优秀企业奖、汇丰亚洲比赛金奖和 2014 年中小企业创业奖等。目前水中银公司还在开发很多新的产品和技术，如疾病检测技术、红酒检测技术等。

9. **安百特半导体有限公司　行政总裁黄勋德先生**

黄勋德出生于香港，57 岁，在香港读书，后来到美国斯坦福留学，斯坦福大学毕业后在硅谷工作多年。安百特由一批在外国企业工作过的业界名人创办，如创办者之一的黎广钊 58 岁，毕业于耶鲁大学，在英特尔担任了 25 年的技术副总裁，是美国电子工程学会院士，也是"闪存"的发明人。另外还有两位 40 岁的创办人。这个由 4 个人创办的公司在科学园的培育中成长。他们的产品比较先进，多款产品在世界上具有广阔的应用前景。他们主要做芯片设计，芯片生产靠代工降低成本。团队平均 20 年的行业经验使他们在市场中能够研发独特、超前的高技术产品。

10. 司亚乐科技有限公司　工程副总裁 Mr Dominique Cyne

司亚乐公司是一家高科技公司，其研发面向全球，客户份额美国占 50%，欧洲占 30%，亚太地区占 20%。司亚乐公司为什么把研发放在香港？司亚乐工程副总裁 Mr Dominique Cyne 表示，香港科技园有较好的环境，较好的专利保护制度，可以吸引一流的人才。整个亚洲地区香港的专利保护也是比较好的，其法律健全，靠近深圳和内地，容易与深圳合作，容易接近客户。园区有可靠、先进的设备，其设备在世界上来说也是比较先进的。园区是一个产业的集群，很多物联网企业都在这里，而且经常举行技术研讨会，交流很方便，并且可以得到很多信息。司亚乐的研发人员 70% 来自香港，20% 来自内地，10% 是外国人，形成了一个全球化的研发团队。司亚乐也享受到了园区的多项服务。企业中有很多是在港生活多年的外国人，他们认为香港是一个好地方：第一，香港是一个全球化的城市，国际化程度高；第二，香港税率低，环境好，购物、旅游方便、实惠；第三，香港离内地近，内地是一个大市场。所以，他们选择了香港，在香港发展多年，他们的企业和所有的员工都很喜欢香港科技园，在这里迅速发展。

11. 卓荣集成电路科技有限公司　CEO 兼总裁郑灼荣先生

郑灼荣的创业概况笔者之前看过报道，题目是《穷小子做到 8 亿元的生意》，了解到他是一个成功的创业者。卓荣是香港科技园培养的企业。郑灼荣出生于香港，由美国硅谷回港创业，2003 年 39 岁的他在科技园创办卓荣公司，从香港科技的孵化器开始做起。刚开始公司只有 80 平方米，现在在香港、珠海、深圳等地拥有 5000 平方米的面积用于研发，从开始的一个人发展到现在的 200 多人，全年销售额 8 亿港元，在香港、珠海、深圳几个城市进行芯片设计。他认为大学生创业是一条出路，香港人不一定非要当律师或从事房地产业，香港人也要学科技。他听说香港的大学里读书好的都是内地人，认为香港人也应该在科技方面刻苦学习。他的体会是做科技也能成功，如他本人就是一个香港人，国外留学回来创业，现在他们的芯片设计做到了很高的水平。科技园给他们提供了成长的空间，香港的年轻大学生也可以尝试走创新创业这条路。

12. 兆光科技有限公司　高级产品经理陈居礼先生

兆光公司主要研发LED（发光二极管）彩屏技术，其技术达到了世界上较高的水平，并已做出了品牌。其科研团队中有香港人、内地人、美国人及日本人。以目前LED比传统灯具节能3～10倍的情况，不难想象彩屏产品未来亦有机会成为家用影音设备。兆光汇聚了全球的人才，用科技园的设备搞研发，在惠州中试和生产，事实证明这是一条发展的好道路。

13. 光传感有限公司　技术（研发）经理王国华先生

光传感公司主要做光纤测温。这项技术在国外价格很高，而光传感本身的成本比较低，所以有市场。光传感公司2012年在科技园成立。其测温软件在香港开发，因为软件设计需要人才和先进的设备；硬件制造在内地，因为内地价格适中，硬件工程师也多。过去公司的客户来自香港，现在公司已经走向了中国澳门、荷兰，走向了世界。

14. 安润普有限公司　总经理王广峰博士

安润普公司主要从事智能穿戴行业。公司于2012年注册，注册后经申请进入了科学园的孵化器。企业创始人来自香港理工大学，他们获得了一项发明授权——面料传感器技术，即把功能材料放在面料中，这一技术市场潜力非常大。企业创办时考虑选择落户哪里合适，他们调研了新加坡、中国台湾、中国大陆的科技园，最后选择了香港科技园，认为这里最适合。

15. 粉丝 WiFi 有限公司

这个公司成立只有半年，仍处于孵化器阶段。他们的技术是利用 WiFi 收集餐厅资讯。在他们的平台上可以看到餐厅人员的情况，如有人、没有人、哪里有空座、哪个位置的人快吃完了，这样就餐的人可以找到合适的地方就餐，而且可以选择价格。这个技术已经在几个餐厅试用，效果非常好，未来可用于商店、餐厅、宾馆的网络平台。

16. Sosomedia 有限公司　Mr Stephen Fung

Sosomedia（须须媒体） 是一个 2014 年 11 月创办的手机应用程序开发公司，为企业提供 iOS/Android 应用程序开发和项目管理服务。须须媒体协助大品牌、小企业和感兴趣的机构寻求解决方案，利用手机应用程序和社交媒体的结合实现业务增长。例如，应用该公司的程序，参加婚宴的客人可以使用自助登记设施，更方便、快捷地办理登记手续。目前多家婚宴会场已经提供这项服务，让受邀的客人到达婚宴场地时能够轻松、准确、快捷地自行登记。

17. 艾比技术有限公司　项目经理尹少峰先生

公司创办于 2012 年，2014 年 7 月搬到科技园孵化器。艾比的技术是通过软件把普通的拍照变成 3D 拍照。他们希望把 3D 拍照技术放到网络和手机平台进行商业化。

18. Master Dynamic Limited　微细加工与研究主管王英男先生、高级研究工程师黄健星博士

黄健星 2009 年毕业于中山大学，2013 年加入该公司。公司主要从事手表的核心部件——机芯的制造。内地也有生产手表机芯的企业，如海鸥，世界上 90% 的机芯都是海鸥制造的。但是 Master 公司制造的机芯产品附加值比海鸥高很多，原因就在于 Master 采用了先进的技术。

19. WOOX Innovations Limited　首席技术总监卓雅仕先生

公司2014年11月成立于香港科技园,致力于打造世界领先的音乐生活模式,赋予生活高品质的音乐。企业研发的技术通过与家庭电影放映设备、智能家具、家庭音响连接,创造出更好的音响。公司的设计在香港,生产在巴西。他们认为科技园离内地近,可以到内地寻找资源。利用科技园的设施、客户、合作伙伴和人才,企业得到了很好的发展,几乎每年都会获得创新奖、设计奖。

20. 新科实业有限公司　副总裁丁菊仁博士、光通讯科技总监唐德杰博士、先进技术发展部黄柏坚博士、先进磁头设计部梁卓荣先生

新科公司是以一批美国斯坦福大学学者为主组成的公司,是计算机硬盘磁头的供应商,占全球市场30%的份额。公司在香港科技园开展高端研发,在内地开展生产性研发和生产。该企业的硬盘磁头读写能力历年来不断攀升,现在的硬盘容量是20年前的1000倍,价格则降了十倍。例如,以前286计算机硬盘只有20M,需要2000美元,现在的计算机500美元硬盘容量就能达到几千兆以上。新科认为香港科技园是块"风水宝地",香港是国际化的大都市,有很好的发展,具备国际视野、国际资源,又靠近内地的生产条件、人力资源和市场。他们认为内地对高科技产业的支持比香港措施多、力度大,目标路线都很清晰,措施也得力,香港缺乏计划,资金支持也不够。不过企业也有愿景,也有发展。他们认为香港当前制定的几个计划以及科技园、数码港和创新基金等做法对香港都非常有意义。企业去瑞士考察,发现瑞士的人工成本比香港还要高,但是科研做得非常好,香港可以借鉴。美国硅谷人工成本也高,很多资源比香港价格高很多,但是发展也很健康,而且持续地创新。新加坡比香港条件差很多,但是新加坡的创新发展多项都达到了世界领先水平。韩国更是政府支持企业发展的典范,香港也可以借鉴。内地发展很好,也有许多需要改进的地方。例如,在教育等方面还有许多有待改进的地方,应该鼓励吃苦、锻炼、不怕困难的品质,这些都是创新精神应该具备的。另外,国内一些项目有短期化的不足,缺乏长远的眼光。要有长远的眼光,这也是创新所需要的。

六、香港科技园成就辉煌

1998年3月，香港成立行政长官特设创新科技委员会，著名科学家田长霖任主席，对香港的科技发展战略提出建设性意见。2000年7月，成立创新科技署，统筹和支持香港的科学技术研究和成果转移，并建立香港应用科学院等五个公共研发机构和香港科技园、数码港、设计中心三个创新培育中心。经过多年的实践，这些机构都取得了良好的成绩。香港科技园尤为出色，取得了辉煌的成就。2001年5月7日，香港科技园公司成立，定位为亚洲的创新科技中心，致力于推动创新科技的发展，协助科研成果商品化，科技商品产业化，科技产业国际化，创造经济价值和良好的社会效益，为香港、内地以至全世界带来实际的效益。科技园通过提供设施和服务，以充满活力的环境造就创新公司，孕育新的理念，推动香港的特色和重点科技领域发展，成为世界科技的枢纽。科技园的面积是22公顷，总投资120亿港元，建成了三期33万平方米的楼面面积。科技园要求入园企业以技术开发为主，并为创新创业企业提供全方位的支持和服务。科技园成立以来，高举创新旗帜，在电子、资讯与通信科技、精密工程、生物科技、绿色科技五大核心领域取得了显著的成就，吸引、支持和培养了一批高素质人才，成为亚洲先进的高科技研究及产业化发展基地，使亚太地区进入世界先进科技园的行列。

科技园在创新科技领域扮演了重要的角色，做出了卓越的贡献。对创新企业的创办与成长，科技园制定了重要的支持计划：一是实施"软着陆"计划。为初创企业提供全方位的支持和服务，鼓励探索创新、挖掘潜在的商机。二是实施创业培育计划。通过技术支援、顾问指导、专业服务、与大学共享仪器设备、市场推广、企业拓展、建立国际合作网络等协助科技公司创立与发展。三是实施飞跃计划。培养具备潜力的公司拓展地区市场，迈向国际化，从而成为区域或全球性公司。四是建立天使基金与天使投资网络，针对创业企业所处的阶段提供相应的投资策略，定期举办天使投资派对。五是连接风险投资和创新基金，通过创业投资伙伴计划帮助创业企业创新发展，做优、做大、做强。上述五方面的创新服务彰显了香港科技园已经成为亚太地区创业家的天堂和发展创新科技的圣地。

调研显示，香港科技园短短十多年取得如此成就，首要原因是有一个坚强有力的领导集体和骨干团队，能力强、水平高、视野开阔、事业心强。根据管理学二八原则，一个组织往往20%的人起决定性作用。科技园正是抓了骨干和关键，具备了很强的执行力，各项工作进展快、效率高、效果好。二是国际化水准高。香港科技园与内地以及全世界优秀的创新科技、前沿产业、先进理念同步发展，为园内企业提供国内和国际先进的信息技术和力量，借鉴世界上科技园建设的先进经验，并根据香港的实际进行了创新性发展。三是具备世界一流的先进设施、设备和研发平台。四是香港科技园提供专业化、高科技服务，并与国际标准兼容。五是科学制定远景规划和规则规范，网络安全与知识产权保护制度比较完善。六是打造了创新基金、风险投资、完善的资本市场和发达的金融支持系统，初步形成了创新集群。七是环境优美，是名副其实的创业天堂。

综观全球科技园，香港科技园的发展是非常成功的。

七、推动香港创新发展的建议

当前，世界进入了依靠科技创新竞争的新时代，创新成为推动经济增长的主要动力。香港应顺应全球创新的大趋势，兴起创新高潮，引导青年人走创新创富之路，凝聚共识，抓住机遇，推动经济实现转型升级和可持续发展。

1. 凝聚创新共识， 确立创新立港的发展战略

当今世界，无论发达国家还是发展中国家，都把创新作为立国之本和国家发展战略。建议香港特别行政区政府把创新作为香港的核心发展战略之一，依此确定发展思路、发展理论、发展愿景，并制定一整套实施措施与政策。香港科技园在创新领域已经积累了经验、打下了基础，在参与世界创新竞争的进程中，科技园不仅要做香港创新的领头羊、示范区、领先区，推动香港的创新，还要成为亚洲和世界的创新之都，站在世界创新的最前沿，为亚洲乃至世界的创新做出更大的贡献。

2. 优化创新生态，吸引全球创新人才

创新驱动实质上是人才驱动。香港要打造世界一流的创新创业环境，成为吸引高端创新人才的地方，成为全球的创业圣地，让一流人才愿意来香港成就梦想。要打造优良的创新生态环境，为香港经济发展注入新的活力，打造新的国际竞争力。香港科技园将带动全港的创新，使香港的创新生态日趋完善。

3. 弘扬企业家精神，创造更加浓厚的创新氛围

香港历史上的企业家精神曾经名扬全球，涌现了大批世界著名的创业家，创造了许多惊人的成绩和多项世界第一，如成衣、玩具、手表、收音机出口量曾是世界第一，货柜码头吞吐量、国际货物转运量世界第一。正是由于大批企业家艰苦奋斗，励精图治，不断孕育和创造着香港创新的奇迹。但是据香港中文大学创业研究中心2009年发布的《全球创业观察香港及深圳研究报告》显示，近几年香港创业活力偏低。建议香港采取综合措施，将企业家精神发扬光大，营造更加浓厚的创新氛围。

4. 完善创业服务体系，开创创业创新创富的新局面

调研表明，香港仍然存在着创业成功的极好机会，但是创业成本的增加却削弱了这种创业成功的可能性。建议香港特别行政区政府采取有效的措施，从创业服务体系建设出发，鼓励、引导、扶持创新创业，激发全港的创新热情。

5. 重振制造业，以创新推动实体经济大发展

制造业不仅可以提供就业岗位，还提供生产性服务业的市场需求。制造业等实体经济是经济的基石，是应对经济风险的重要保障。20世纪80年代香港制造业占经济总量的1/4，2011年只占到1.6%，一路下滑。虽然服务业取得了巨大的成就，但大幅下行的实体经济给香港经济的稳定带来了隐忧。建议香港在产业政策上把依靠创新提升制造业的规模和竞争力作为发展的重点，这对香港的创新能力乃至整个地区的经济发展具有基础性作用。

6. 优化区域环境，把香港科技园作为振兴香港创新科技的重要抓手

国际经验表明，科技园、高新区是一个城市、一个区域发展的重要示范区和先行区。要让创新成为香港经济转型升级的助推器和打造核心竞争力的发动机，应加大力度建设科技园的创新环境，将科技园建设成为服务完善的先行区、一流人才的聚集区。为此，应给予更多的政策、资金支持，借鉴国际经验，把香港科技园作为振兴香港创新科技的重要抓手，充分发挥科技园的先行先试作用，提高科技园在全港发展中的地位和话语权，发挥好科技园在打造香港创新创业热土中的重要作用。

7. 加强与内地的协同创新，实现合作共赢

香港毗邻广东，与内地有着很强的资源互补性，应发挥各自优势，加强协同创新机制建设，形成良好的协同创新效应。一是与内地建立资源共享机制，在仪器设备、科技成果、信息数据、研发队伍等方面开辟共享市场，建设开放共享的平台，使香港和广东的企业能够共享共用、共建繁荣。二是与内地建立科研机构联合研发、测试检测、技术转移机制，打破区域市场壁垒，充分发挥市场配置资源的作用，高效创新，共同打造粤港创新的新局面。三是与内地构建创新资源共同体，整合各方面的创新资源，共建一批实验室、工程中心、中试基地和成果转化基地，联合研发攻关，共同承担国家重大科技专项，为新的产业集群提供技术支撑，提升创新的经济效益。

8. 发挥国际化优势，争做全球创新的领头羊

香港是世界著名的自由港和国际城市，是中西文化交汇的圣地，经济自由度指数居世界首位，是世界一流的金融、经贸、资讯中心，且拥有良好的教育环境，是一个与时俱进、不断创造奇迹的地方。在创新全球化的背景下，香港将大有作为。

香港科技园已经有了一个良好的开端，应该率先建成国际领先的科技园，打造香港未来发展的新优势。一是加强与全球顶尖的研发机构、人才合作，打造引领世界的创新产品。二是促进全球创新资源的流动，发挥香港创新资源交往、交易、交换、交流中心的作用。三是在国际人才的流动中充分发挥枢纽作用，吸引顶尖人才，

占领创新制高点，打造成为世界一流的创新人才栖息地，建成世界尖端的科技创新集群。四是优化创新环境，建立国际化的高端创新平台。五是建成全球创新信息中心，实现创新信息的收集、传播与共享。六是组织推进全球大规模的创新项目交流合作与协同。

在汤森路透发布的全球百强创新机构中，亚洲地区位居世界前列，正在超越北美，逐渐成为全球创新的领头羊。香港有条件成为亚洲创新的引领者，成为名副其实的世界创新中心，迈向创新高科技和智慧经济的新时代，打造香港科技园和全香港未来发展的新优势。

附：调研单位及有关专家

1. 调研的单位 （排名不分先后）

香港科技园公司	香港科技大学
香港数码港管理有限公司	香港中文大学
香港设计中心	香港大学
香港生产力促进局	香港理工大学
香港应用科技研究院有限公司	香港城市大学
香港物流及供应链管理应用技术研发中心	香港浸会大学
	香港中华总商会
香港汽车零部件研究及发展中心	香港中华出入口商会
香港纺织及成衣研发中心有限公司	香港工业总会
香港纳米及先进材料研发院有限公司	香港电脑学会
	香港科技园内20多家创业公司（略）

2. 调研的有关专家 （排名不分先后）

香港科技园公司　罗范椒芬主席、马锦星行政总裁

香港数码港管理有限公司　林向阳行政总裁

香港设计中心　利德裕行政总裁

香港生产力促进局　潘永生副总裁、葛明首席顾问

香港应用科技研究院有限公司　王明鑫主席、汤复基行政总裁

香港物流及供应链管理应用技术研发中心　黄广扬行政总裁

香港纺织及成衣研发中心有限公司　陈慧欣总监、姚磊高级研究经理

香港科技大学　陈繁昌校长、张统一博士、张明杰博士、戴自海教授、郭海成教授、徐建博士、俞捷博士

南洋理工大学　徐冠林教授

香港城市大学　吕坚教授

岭南大学　李彭广博士

香港中文大学　黄锦辉教授、左治强先生、余济美教授、蔡明都先生、姜元安教授

香港理工大学　林垂宙教授、廖信仪博士、徐林倩丽教授、卫炳江教授、忻浩忠教授、陶肖明教授

香港大学　李登伟教授

香港工业总会　钟志平会长

新界社团联会　陈勇理事长

新华集团　蔡冠深主席

深圳华大基因研究院　杨焕明理事长

德勤中国　罗盛慕娴副总裁

香港特别行政区立法会　黄定光议员

瑞士银行香港分行　成于思董事

香港丽天文化与公共政策顾问公司　凌友诗主席

香港青年工业家协会　陈伟文会长、李锦雄工程师

香港通用制造厂有限公司　叶杰全董事长

香港中华出入口商会　何掌邦常务会董

香港资讯科技联会　邱达根会长、侯东迎副会长、陈细明副会长

香港工程师学会　张志刚会长

中国移动香港公司　林振辉董事长

香港物流协会　郑会友会长

互联网专业协会　洪为民会长

中国护港联盟会　郭辛秘书长

香港资讯科技界国庆活动筹委会　谢诗贤主席

香港软件行业协会　杨全盛会长

香港电脑学会　黄仲翘院士

香港电子业商会　王干芝前任副会长

香港电子教科书协会　简永基会长

（根据笔者2015年4月5日编写的《香港科技园创新发展战略研究报告》整理）

第4章 在创新中飞速发展的中国高新区和科技企业孵化器

第 4 章　在创新中飞速发展的中国高新区和科技企业孵化器

通过建设和发展科技园区推动创新是20世纪以来世界各国通行的一种方式。中国借鉴国际科技园区的发展经验，重点建设了高新技术产业开发区，即科技工业园区（STIP，以下简称高新区）和科技企业孵化器（TBI，以下简称孵化器）。前者的功能基本覆盖了创新的全过程，规模较大，主要由地方政府发起和建设；后者则主要侧重扶持初创期的创新型中小企业，规模相对较小，政府和民间力量都可以作为发起人进行投入。在每个高新区内都建有至少一家科技企业孵化器。由于这两类园区的目标、定位、发展路径等方面存在差异，下面分别介绍这两类园区的发展情况。

一、高新技术产业开发区发展概况

20世纪80年代，伴随着改革开放和经济发展，国家开始考虑经济产业发展和升级的新道路。1985年7月，深圳市兴办了我国第一个高新区，开始了科技成果产业化、发展高新技术产业的实践。1988年5月，国务院批准建立了第一个国家高新区——中关村科技园区。目前，我国的国家高新区已经发展到69家，全国各地根据发展的实际情况陆续建立了超过100家省（区）级高新区。近年来，省级高新区的升级工作在不断推进中，国家高新区的数量将随之进一步增加。

（一）我国高新区的发展历程

我国高新区的发展经历了以基本建设为标志的初创阶段、以体制创新为标志的创新建设阶段和以提高自主创新能力为标志的二次创业阶段。

国家高新区的初创阶段主要进行基础设施建设，以土地开发、招商引资为主，采用滚动发展的方式，创造局部优化的科技创业和高新技术产业发展环境，依靠优惠的土地、税收政策和现代化的服务措施吸引国内外人才、技术、资金、信息等资源，实现了科技工业园的创建和原始资本积累。国家高新区的创新建设阶段以培育高新技术产业为主要目标，依靠科技实力和工业基础，通过制度创新和完善管理体制建立了科技产业发展的创新服务体系，包括科技企业孵化器、生产力促进中心、大学科技创业园、风险投资公司、贷款担保公司、技术产权交易所等促进科技成果产业化的机构，逐步形成了促进创新创业的环境和氛围，实现了创新资源的聚集，实现了具有区域产业特征的科技企业的聚集，从而形成了比较完整的科技工业园形态。

在前两个阶段中，高新技术企业的认定和税收优惠政策对高新区的发展起到了重要的推动作用。现在，根据中国最新的企业所得税法，所有经认定的高新技术企业，不论位于高新区内、外，都可以享受比普通企业低10%的优惠税率，即按15%的税率缴纳企业所得税。

自2001年开始，国家高新区步入"二次创业"阶段。在这个阶段，高新区发展的核心任务是激发高新区内企业的自主创新活力，改变过去一定历史条件下形成的追求规模和速度的发展导向，改变过多依靠土地消耗和区域优惠的外延发展模式，实现以创新驱动绿色发展、以创新引领发展，把国家高新区建设成为具有引领示范作用的社会、经济、文化、科技和产业等可持续发展的现代城市功能区。这个阶段，高新区的发展主要依靠创新增长机制、优化创业环境、完善中介系统、培养创新人才、鼓励企业走向国际市场等。

（二）高新区在经济社会发展中的作用

经过20多年的发展，我国高新区创新成果大量涌现，大批科技型企业迅速成长，高新技术产业已经具备相当规模和竞争力，成功地走出了一条中国特色的科技工业园区发展道路。国家高新区已经成为我国高新技术产业发展的核心基地和经济社会发展的重要力量。

1. 经济发展最快、效益最好的区域

近20年来，我国一直是世界上发展最快的国家之一，国家高新区则成为我国发展最快的区域。从1992年到2009年，国家高新区（不含2010年13家新升级的高新区）营业总收入从231亿元上升到78706.9亿元，工业总产值从187亿元上升到61151.4亿元，从业人员从24万人发展到815.3万人。2009年，国家高新区实现生产总值23116.5亿元、工业增加值15416.7亿元、出口创汇2007.2亿美元，占全国总份额的比重分别达7%、9.8%、16.7%。一半以上的国家高新区经济总量占所在城市的比重达到20%以上。

2. 科技创新的示范区

国家高新区成立至今,创新投入不断增加,创新成果不断涌现,区内企业拥有专利的水平和每年新申请专利的数量都高于全国平均水平。一批创新型、独具特色的园区发展起来,成为创新的示范区。2009 年,国家高新区区内企业申请专利数量超过 10 万件,其中申请的发明专利超过 5 万件。专利授权达到 46530 件,其中发明专利授权 16020 件,占国家全部企业授权总量约 50%,每万人专利拥有量已接近先进国家的水平。同时,国家高新区集聚了 700 多家工程和技术研究中心及开放实验室、超过 300 家技术测试平台,成为服务和带动周边地区科技进步的重要力量。

3. 高新技术产业集群的发祥地

国家高新区建立了从技术研发、技术转移、企业孵化到产业集聚的一整套产业培育体系,聚集了全国 50% 以上高新技术企业,贡献了 30% ~50% 主要高新技术产品的产值。目前我国已经成长起一批竞争力强、市场占有率高的产业集群,如北京中关村的芯片设计、上海张江的集成电路制造、武汉东湖的光纤光缆、深圳的通信设备、大连的软件外包服务、无锡的光伏太阳能等。

4. 创新创业人才的富集地

国家高新区吸引了数百万名各类人才投身创新创业,其中很多成长为科技型企业家、科技专家和熟悉高新技术企业孵化、风险投资及高新区管理等的专家。2009 年,国家高新区从业人员中大专学历以上人员占 47%,有硕士、博士学位者达 35.4 万人,归国留学人员达 3.6 万人。在国家高新区的热土上成长起一大批高层次创新创业人才,很多已经成为所在领域的领军人才。

5. 集约发展、保护环境的典范

2009 年,国家高新区人均 GDP 达 28.4 万元,万元 GDP 能耗为 0.5 吨标准煤,不到全国平均水平(1.077 吨标准煤)的一半,最低的已达到 0.3 吨标准煤,国家高新区的土地利用效率、投资强度和投资效益都远远高出全国平均水平，实现了土地资源的高效利用和产出。同时，国家高新区积极推动绿色生产和循环经济发展，80%的国家高新区获得环保总局ISO14000环境体系的认证，生态建设稳步推进，促进了区内经济、社会、自然与人的和谐发展。

6. 公共行政改革的试验区

国家高新区依靠经济、法律手段进行宏观调控，建立了"小机构、大服务"的政府管理体制，推进了由指令型政府向服务型政府的转变。国家高新区管理机构规模只有一般行政区的1/4，工作人员只有行政区的1/8，所创造的"一站式"管理和"一条龙"服务等经验已被很多行政窗口单位广为采用。

7. 城市化进程的先锋

多数高新区规划在各个城市的城乡接合部，建设初期这些地方往往杂草丛生、瓦砾遍地，甚至是城市垃圾的堆积场。经过多年的建设，现在的高新区绝大多数已经成为高新技术产业聚集、科技创新集中、环境优美、人文环境优良、能够吸纳大批高素质人才的城市科技新区。此外，高新技术产业的发展带动了许多相关产业的发展，为高校毕业生和城镇化的农民提供了广泛的就业渠道。

8. 创新型资本市场和金融支撑体系构建的试验田

风险投资是支持企业创新创业的关键，高新区把风险投资作为推动企业创新的重要基石，各高新区都普遍吸引和设立了天使投资、创业投资基金和风险投资管理机构，创设了创新基金、担保公司、小额贷款公司等，引导社会力量为企业融资服务。例如，成都高新区的盈科动力公司创新系统化的金融解决方案，为企业提供高质量、全方位的服务。

（三）高新区发展面临的挑战

虽然高新区建设取得了一些成绩，但是也面临着许多问题。高新区创建之初主要是依靠税收政策和土地资源推动产业的聚集与发展，但是随着我国资源、环境等问题日益严峻，加上我国正处于社会、经济的转型期，国家高新区也承担起新的历史使命。

2005年6月，温家宝总理在视察北京中关村科技园区时对国家高新区的发展提出了明确的目标："国家高新区必须承担起新的历史使命，进一步发挥高新技术产业化重要基地的优势，努力成为促进技术进步和增强自主创新能力的重要载体；成为带动区域经济结构调整和经济增长方式转变的强大引擎；成为高新技术企业走出去，参与国际竞争的服务平台；成为抢占世界高技术产业制高点的前沿阵地。"

面对新形势、新任务，科技部根据各地不同的情况组织开展了"三类园区"建设。在北京中关村、上海、深圳、西安、武汉东湖、成都6个国家高新区开展的建设"世界一流高科技园区"试点成效显著，进展顺利。其中，北京中关村和武汉东湖高新区还被国务院批准建设国家自主创新示范区。

同时，科技部批准了广州、天津、郑州、苏州、宁波、威海、潍坊、大庆、无锡、长沙和苏州工业园等15个高新区开展"创新型科技园区"建设试点，各园区出台了支持建设创新型园区的若干政策意见，研究制定了建设创新型园区的考评办法，对高新区新时期的创新和发展起到了重要的导向作用。

2010年上半年科技部印发了《创新型特色产业园区建设指南》，推动以创新集群为特征的特色产业园区的建设工作，支持一批具有区域优势的高新区发展特色产业，促进产业聚集、产业集群的形成，努力提升产业竞争力，积极培育战略性新兴产业。

以"三类园区"为基本框架，国家高新区还开展了进一步深化体制机制创新、积极推动科技金融、引进海外高层次创新创业人才等一系列工作。我国的高新区正朝着既定目标稳步前进。

二、科技企业孵化器发展概况

我国第一家孵化器于1987年在武汉东湖诞生。截至2009年年底，经科技部统计的科技企业孵化器已达772家，孵化场地总面积达2901.3万m^2，在孵企业50511家，目前，中国孵化器的孵化场地面积、在孵企业和毕业企业数量居世界第一位。

（一）孵化器的发展模式和体系

在借鉴发达国家经验的基础上，中国的孵化器通过实践与创新形成了具有中国特色的发展模式。中国的孵化器以"促进科技成果转化、培育科技企业和企业家"为宗旨，在提供创业所需的物理空间、公共技术测试和研发设施、专业化生产和研发服务、企业发展论坛和人才、技术、产品交流与展示、推广等硬件支撑的基础上，开展科技创业团队创业培训和辅导、过程的技术研发保障和投融资综合性服务，以及后期的市场拓展和产业化延伸服务，形成创新创业的综合性基础保障。

为促进孵化器的发展，我国财税管理部门对符合条件的孵化器自2008年1月1日起对自用以及无偿或通过出租等方式提供给孵化企业使用的房产、土地免征房产税和城镇土地使用税，对向孵化企业出租场地、房屋以及提供孵化服务的收入免征营业税。同时，符合非营利组织条件的孵化器的收入按照税法及有关规定享受企业所得税优惠政策。此外，早在1999年，中国政府就设立了科技型中小企业技术创新基金，用于支持科技型中小企业创新创业，同时对孵化器对在孵企业的科技创新服务给予了资金补贴。该基金设立十余年来，中央财政投入预算资金总计139.5亿元，引导地方、企业和其他社会资金投入超过400亿元，共立项资助了12000多家科技型中小企业的2万多个科技产业化项目，新增就业岗位45万个。

中国孵化器事业在政府和政策的引导下建立了较为完备的组织体系和网络服务体系。通过全国创业中心专业委员会、中国技术创业协会孵化联盟、留学人员创业园联盟、全国五大区域的孵化器网络年会组织，全国孵化器初步形成了畅通、快捷、严密的工作体系。

（二）孵化器发展取得的成效

20多年来，中国的孵化器造就了大批富有创新精神的高层次创业人才队伍和具有国际竞争力的高新技术企业，在科技支撑经济发展和促进结构调整方面发挥了重要作用，主要表现在以下几个方面。

1. 集聚了中国主要的科技创业企业和高端创业人才

目前，分布在全国主要省、市、县的孵化器超过 1000 家，其中纳入科技部统计的孵化器有 772 家，集聚了全国 90% 以上的科技型创业期小企业，在孵企业达 5 万多家，创业团队超过 100 万人，其中大专以上学历人员超过 90%。仅江苏省孵化器数量就超过 260 家，北京市超过 80 家，上海等省市达到 50 家。近年来，全国的孵化器呈现快速增长趋势，在孵企业和就业人数逐年上升。

2. 支撑了高新技术产业和国家高新区的稳健发展

近几年，全国每年孵化毕业的企业超过 3000 家，其中 2009 年毕业 4819 家。国家级孵化器的企业存活率超过 80%。迄今为止，毕业的 4 万多家企业大多数落地高新区，形成了发展高新技术产业的重要力量，成为支撑国家高新区发展的创业源、创新源、创税源。例如，从孵化器毕业的尚德太阳能公司用 3 年的时间将中国的光伏产业与世界的差距缩短了 15 年；凯迪电力公司以 10.3 万元起步，累计贡献税收超过 4 亿元。

3. 提高了科技成果转化的效率

孵化器始终坚持"企业为主体、市场为导向、政产学研金相结合"的战略定位，形成了科技成果向现实生产力转化的综合保障体系。通过创业培训、辅导和技术支撑、市场服务等孵化体系的建立，孵化器促进了技术与市场需求的有效对接，实现了以较少的资源消耗和土地占有培育出大批拥有自主知识产权的科技型企业和企业家的战略目标。目前，从孵化器毕业的企业已有 83 家在国内外上市，其中 2009 年首批创业板上市的 28 家企业中有 13 家是孵化器毕业的企业；孵化毕业的企业中有 600 多家年收入超过亿元。

4. 价值得到了国内外的广泛认可

孵化器通过培育大批高成长性科技企业促进了传统产业的技术升级，改变了原有的经济增长方式，调整并优化了区域经济结构，得到了国家行政管理部门和地方政府的广泛认可和支持。例如，国家科技部、财政部、税务总局对孵化器营业税、房产税、城市土地占用税和部分所得税试行审核确认的减免政策，降低了孵化器运行和服务成本，引导了社会资本对孵化器建设的投入。许多地方政府已经把发展孵化器事业作为确保区域经济领先地位的战略举措，如江苏、辽宁等省提出到2010年年底孵化器覆盖各县、市、区的规划目标。中国的孵化器对经济社会的贡献和发展规模也被美国孵化器协会、亚洲孵化器协会等跨区域组织广泛认可，每年都有十多个国家组织从事孵化器工作的同行来中国学习、培训。

(三) 面临的挑战

我国有关扶持孵化器的政策对发展新兴产业、培育科技创业和企业家成效显著，但在新形势下孵化器事业的发展仍然面临严峻挑战：一是孵化器的政策体系有待完善。要通过整合创业扶植政策资源，进一步完善孵化器的界定条件、税收减免办法、指标评价体系，强化政策的科学性、持续性和执行力，营造有利于创业企业和企业家成长的良好环境。二是孵化器的财政扶持力度有待加大。要通过财政引导和鼓励社会资本参与的方式加大对创业企业和孵化器服务平台体系建设的资金扶植，以满足创业企业研发、生产、经营的需求，实现企业的快速成长和孵化器的健康发展。三是孵化器的功能和服务能力有待提升。要建立孵化器专业培训体系，造就能够驾驭高层次创业的复合型孵化器经理人队伍，并通过拓展技术、市场、融资等增值服务功能提升孵化器的服务水平和能力，保证孵化器事业的高效、持续发展。

面对挑战，中国孵化器将在未来五年围绕发展战略性新兴产业、培育高成长性创新企业和高层次创业人才工作，力争在孵化器的政策、环境、功能和品牌建设方面实现突破，努力实现孵化资源的最佳配置和孵化成效的最大化，发挥孵化器在创新型国家建设和区域经济发展中持续培育创新、创业、创税源头的作用。

下一阶段，中国孵化器将重点做好"两个延伸"。一是服务向前期延伸。创业项目处于不同的技术领域和不同的研发阶段，必须强化对创业前期的"种子"遴选、团队培训、项目评估和创业规划，研究并探讨企业发展与本区域资源对接的可行性，以降低创业失败率、减少孵化资源浪费，同时为高质、高量、高效地实现"育苗"任务奠定坚实基础。二是孵化服务向后端延伸。孵化器新毕业的企业虽然初步形成了自我生存和发展的态势，但通常暂不具备购置场地的实力和独自参与市场竞争的外部环境，仍需要孵化器"扶上马、送一程"，建立毕业企业加速机制。

中国孵化器界正在推动以下七项重点工作：第一，实施战略性新兴产业"助推工程"，促进政策制度建设。第二，强化大学生科技创业见习基地建设，完善创业辅导体系。第三，推动县域和行业孵化器发展，促进产业升级和结构调整。第四，探索科技企业加速器建设模式，建立毕业颁证跟踪制度。第五，探索和推动"持股孵化"模式试点，建立孵化基金。第六，形成科技企业孵化器全国统一标识，强化品牌建设。第七，推动全国科技创业决赛，营造创业氛围。

三、科技园区是对外开放的重要窗口

中国科技园区从开始建立就广泛借鉴了国际经验。随着改革开放的深入，中国科技园区与国际的交往、联系日益密切，已经成为对外开放的重要窗口。

1. 中国科技园区积极探索与国际同仁共同发展的道路

中国高新区的建设从一开始就重视国际化发展。许多高新区已经成为国际科技园区协会（IASP）、亚洲孵化器协会（AABI）、北美孵化器协会（NBIA）等国际组织的成员。中国政府还组织了10家高新区作为APEC园区，成为中国对亚太地区国家开放的窗口。近几年来，中国科技部还与相关国家合作建立了中美科技企业孵化器、中俄科技园区、中英科技园和新加坡火炬创业中心等7家海外科技园，为促进国际技术转移打下了基础。

2. 中国科技园区是外国高技术企业向中国投资的承接地

在中国的高新区，跨国高技术企业为数众多，包括英特尔、通用、日立、东芝、丰田、三星、奥迪、松下、大众、朗讯、思科、甲骨文等数十家位列财富500强的世界著名高技术企业在中国均设立了研发机构或制造工厂。此外，中国一直致力于建设国际企业孵化器（IBI），促进国外科技型中小企业到中国和中国科技型中小企业到其他国家发展。

3. 中国科技园区是中国技术与技术产品出口的基地

近年来，越来越多的中国高新技术企业从高新区走向世界，越来越多的中国高新技术产品走进了人们的生活。目前，25个国家高新区已经成为国家高新技术产品出口基地。2009年，高新区出口超过2000亿美元，约占全国当年出口创汇总额的1/6。中国孵化器的企业在软件出口等方面也取得了很大进展。

在竞争中合作是高科技产业发展的一条规律。在经济全球化背景下，扩大国际合作与交流，推动跨国技术创新合作已经成为许多国家的重要战略选择。我国"十二五"发展规划绘就了宏伟蓝图，要实现预定的目标，不仅需要全国的共识与合力，也需要更广泛的国际合作。中国未来将更加开放，这种开放是双向交流，不是单向输入。中国的高新区将推动中国科技园区与国际创新机构及创新企业之间的广泛合作，广开渠道、搭建平台、创造条件。

（根据笔者2010年12月7日在香港理工大学主办的科技园区国际创新论坛上的发言整理）

第5章 中国科技发展战略与香港的角色

我国是一个有着悠久历史和灿烂文化的文明古国，我们的祖先曾有过许许多多泽被后世的发明创造，给人类文明进步留下令人神往的轨迹。新中国诞生以来，我国科学技术事业取得举世瞩目的辉煌成就，如在世界上最早实现了胰岛素的人工合成和结构模型的测定，最先完成了酵母丙氨酸转移核糖核酸的全人工合成，开创了陆相地层石油开采技术和注水采油技术，掌握了原子能技术，成功发射人造卫星，成为世界上少数几个掌握卫星回收技术的国家，并具备了为国外用户发射卫星的能力，在高能物理、结构化学、高等数学、生物科学等自然科学理论的重大课题研究上也取得了世界领先的成果。

我国是发展中国家，在相当长时期内经济和社会发展将受到资源紧缺、基础薄弱等诸多制约。就科技发展而言，目前最关键的问题仍是科技与经济脱节的弊端尚未能从根本上解决，为此我国政府制定了跨世纪的宏伟战略：一是推进科技体制改革，二是调整科技发展战略。

一、科技体制改革

历史证明，国家的强盛和民族的振兴归根结底要靠科技的进步。西方发达国家在经济发展上的成功源于市场机制的作用，而我国当前仍然缺乏以市场机制促进科技走向生活和生产过程的动力，缺乏科技成果迅速转化为商品的活力和能力，因此采取有效措施推动市场体制的发育和发展，是当前科技体制改革的主要任务。

我国传统的计划经济模式下的科技体制在历史上发挥了集中力量、联合攻关的积极作用，然而随着经济的不断发展，逐渐暴露出妨碍科技成果转化为生产力、不利于发挥人们的创造性、不适应经济科技一体化发展的潮流等弊端。因此，中国科技体制改革贯彻"经济建设必须依靠科学技术，科学技术工作必须面向经济建设"的基本方针，并采取了一系列重要措施。

1）开放技术市场。促进科技成果商品化，把市场经济的竞争机制和约束机制引入科技系统，促使大批技术成果向生产领域扩散和转移，转化为现实生产力。技术市场开放后，市场交易额逐年递增，1992年全年技术交易额达到150亿元人民币。

2）改革科技拨款制度，实行科研机构经费分类管理。对全国近2000个技术开发型机构，国家逐步削减其科研事业费，以至停止无偿拨款，促使这些科研机构通过与企业、社会各界签订技术开发或转让合同、提供咨询服务等途径获得经费，依靠为市场提供技术服务得到发展，鼓励这类机构在经济自立后走创办科技企业、发展高新技术产业的道路。对于社会公益型机构、科技服务型机构，如天文、气象、地震、环保、卫生等公益型科技机构，仍由国家提供经费，但实行经费包干制度，鼓励大多数机构实行企业化经营，发展与科技进步有关的第三产业。对于基础研究型机构，保留科技事业费，对新增课题实行科学基金制，同时逐步加强重点课题的投资力度。

3）推动科研机构以多种形式进入经济领域，包括：鼓励科研机构、高等院校创办实行科研、生产、销售一体化经营的科技开发企业；鼓励科研机构与企业进行联合与协作，目前全国已涌现出一万多个科研生产联合组织；支持科技人员创办技工贸、技农贸一体化经营的民办科技机构。

4）健全企业和农村科技进步机制，推动整个经济建设转移到依靠科技进步和提高劳动者素质的轨道上来。通过政策、经济和法律手段，鼓励大中型企业建立技术开发机构，鼓励中小型企业联合建立技术开发机构或者以科研机构为技术依托。现在全国由企业创办的技术开发机构已达8000多个，增强了企业的中间试验能力、工业性试验能力和研究开发能力。与此同时，在全国农村建立起科技成果示范推广机构，发展了10万多个专业协会，形成了县、乡、村三级产前、产中和产后技术服务体系。

5）按照"发展高科技，实现产业化"的战略思想，先后建立了52个国家高新技术产业开发区，在开发区推进综合配套改革，建立符合国际规范的管理制度。目前，这些高新技术产业开发区已经成为推进高新技术产业发展的重要基地，成为高新技术向传统产业扩散的辐射源，成为深化改革、扩大开放的试验区、示范区。

我国科技体制改革是一个复杂的社会系统工程，经过几年的改革，运行机制已经发生深刻变化，但深化改革的任务仍然十分艰巨。我国拥有一支在数量和质量上都堪称一流的科技队伍，有学科齐全、独立完整的科学技术体系。目前全国县级和县级以上自然科学研究开发机构已发展到5400多个，大中型企业、大专院校所属的研究开发机构已超过12000个，还建立了200多个接近或达到国际水平的重点实验室和部门开放实验室,全国自然科学方面的科技人员达 1000 多万人,其中直接从事研究开发工作的科技人员约 120 万人。随着科技、经济的不断发展和国力的增强,我国的科技力量还会逐步增加。但由于目前科技投入力度不足,科研机构本身也存在着结构不合理等问题,必须通过人才分流进行结构调整,按照"稳定一头、放开一片"的原则进行改革。"稳定一头"是国家对从事基础性研究、高技术研究、重大工程项目研究、重大科技攻关项目研究、重点社会公益性研究的科研机构和高等院校在经费、实验手段等方面给予稳定支持。"放开一片"是推动和引导技术开发及相关的研究机构进入企业,激发面向市场的内在活力,使之成为科技开发的主体,创立生机勃勃、人才辈出、成果累累的新机制,建立符合科技发展规律和市场经济运行规律,促进科技经济一体化的新型科学技术研究,充分发挥第一生产力的威力。

二、跨世纪的科技发展战略

当今世界国际大格局发生变化,"冷战"后的世界转向经济"热战",科技成为各国的战略选择,如美国克林顿政府把科技政策重点转向促进科技成果转化和军用技术向民用转化,并实施了大科学研究计划,如人体基因库计划、超导对撞机计划等,日本制定了人类新领域的研究计划,欧洲启动了先进通讯技术计划,韩国制定了科技产业计划。当今世界是科学技术以空前规模飞速发展的时代,是科学前沿不断孕育发展和取得突破的时代,也是高科技及其产业群体腾飞的时代,对致力于改革发展和现代化建设的我国来说,不失时机、抓住机遇、加快发展方为良策。

十余年的科技体制改革打破了原先高度集中的计划管理体制,市场体制在资源配置和科技运行中的作用不断增强,逐步形成了科学技术发展面向经济建设主战场,发展高新技术及其产业,以加强基础性研究的三个层次的战略框架,迎接当今世界新技术革命的挑战。

第一层次,面向经济建设主战场。从现在起国民生产总值要以 9% 的年增长率发展,20 世纪末人民生活达到小康水平。

1. 科技攻关计划

科技攻关计划是我国国民经济和社会发展五年规划的重要组成部分,旨在选择一批对国民经济具有全局性、关键性影响和重大经济效益、社会效益的科研课题，组织各方面力量进行重点突破。完成这些课题将大大加速我国大规模生产技术和装备的现代化。其中，"六五"攻关计划 38 项；"七五"攻关计划 349 项，经费 35 亿元；"八五"攻关计划为 127 项，计划投入 40 亿元。

2. 星火计划

星火计划旨在依靠科学技术振兴农业经济，把科学的星星之火洒遍农村广阔天地。其具体任务有三个：一是为农村开发、推广适用的技术成果和技术装备，现已推出 100 多种；二是在农村建立科技先导型示范企业，现已建立示范企业 15000 多个；三是在农民中培养专业技术人才和经营管理人员，目前已培训 700 万人。星火计划的实施源源不断地把先进、适用的技术植入农村，引导了科技兴农的时代潮流。自 1985 年实施星火计划以来，转移了农村 9000 万农业劳动力，给落后的农村带来了科学和文明，改变着广大农民的生活和生产方式，也改变着小农生产的传统观念。星火计划对农村经济特别是乡镇企业发展起了巨大的推动作用。星火计划的实施使科技进步的浪潮席卷整个农村，8 亿农民开始与古老的自然经济和封闭的农村生活告别，新的经济结构正在农村建立，为农村发展探索了一条康庄大道。

3. 科技成果重点推广计划

科技成果重点推广计划的目的在于为科技成果向生产领域转移创造良好的环境和条件。通过有组织、有计划地推广先进、成熟的科技成果，形成规模效益，促进产业结构的调整和产业技术水平的提高。仅 1992 年地方和部门级推广项目就达 4500 项。

第二层次，发展高技术及其产业化是当代科学技术的先导，也是未来经济、技术竞争的制高点。近年来我国实施了两项互相衔接配套的科技计划，即高技术研究发展计划（"863"计划）和高技术产业开发计划（火炬计划），旨在开展高技术研究与开发，跟踪世界先进水平，争取在若干高技术领域有所突破，促进高技术成果的商品化、产业化，加快发展高技术产业。

4. "863" 计划

"863" 计划是高技术研究计划，从 1986 年 3 月开始组织实施。按照"瞄准前沿、积累跟踪、有限目标、突破重点"的方针，选择了对今后发展有重大影响的生物技术、航天技术、信息技术、激光技术、自动化技术和新材料技术等领域，确定了 15 项主题，调动全国的科技力量组织实施。现在"863"计划已经取得了一系列重要成果和阶段性成果，有的已接近或达到国际领先水平。

5. 火炬计划

这是一项推进高技术成果商品化、产业化，实现高新技术产业化的科技计划，以新材料、生物技术、电子与信息、机电一体化、新能源与高效节能、环境保护等领域为重点，旨在将高技术研究的成果迅速转化成商品，实现产业化，替代进口，扩大出口，并在国际市场占有一席之地。在 1988 年实施火炬计划后，仅在 52 个国家高新技术产业开发区内的高新技术企业已达 6000 多家，从业人员 40 万人，其中 30% 以上是科技人员，1992 年区内销售收入近 300 亿元。近年来这些区内企业产值以年平均近 50% 的速度增长，使高新技术产业成为我国国民经济中强劲的一翼。火炬计划的实施对建立科技园区、建立高新技术创业服务中心、建立高新技术产业风险投资机制、培育高技术产业市场体系、以高新技术改造传统产业、促进军工技术转为民用以及高技术产业的国际合作与交流都发挥了巨大的作用。

6. 民营科技型企业异军突起

改革开放引发了乡镇企业的异军突起，与此同时，一批科技人员率先向僵化的旧体制宣战，按照自筹资金、资源组合、自主经营、自负盈亏的原则建立了 4 万多个科技企业，从业人员达 50 万人，创造了 200 亿元的产值，形成了一股汹涌澎湃的民营科技潮。这是继乡镇企业后的又一异军突起。

民营科技企业创造了以市场为导向的技术创新模式、独立自主的决策机制、面向市场的经营机制、优胜劣汰的人才机制、工资与效益挂钩的分配机制以及自我约束、自我发展的运行机制等。它不仅是一支推进改革的重要力量，更重要的是，它创造的新的运行机制为国有大中型企业的改革、为其结构的优化和机制的转换提供了新的思路和典范，对科技产业化、国际化，对社会主义市场经济体制的建立和完善以及整个改革开放都产生了巨大的影响。它还将直接或间接地影响到21世纪我国改革的进程，是当代中国崛起的一支充满希望的力量。

第三层次，加强基础研究和应用基础研究。基础科学和应用基础科学是科学技术发展的基础，是科学技术突破和发明创造的源泉，是培养高科技人才的摇篮，也是经济技术创新的前导和储备，保证基础研究和应用基础研究持续稳定发展，保持一支能在国际前沿拼搏的精干的队伍，是国家一项长期的基本政策。

7. 攀登计划

攀登计划旨在对具有科学前沿性、应用重要性和能够发挥我国资源与人才优势的重大基础研究课题，由国家组织力量进行研究，以取得突破。攀登计划至今已经实施了30项基础研究的重大项目，另有15项技术基础的重大项目正在纳入计划并实施。针对每个重大项目国家每年支持100万元，连续支持五年。近几年来，我国基础科学研究领域引入了开放、流动、竞争、协作的运行机制，以新的机制组织精锐的科技力量攀登当代科技高峰。

8. 国家自然科学基金

国家自然科学基金旨在按照国际规范的制度，按照同行专家评议、择优支持的原则，资助科技工作者自选课题进行研究。1993年国家重点支持的课题经费达2.3亿元，并将逐年增加。

9. 国家重点实验室

我国已在物理、化学、地球科学、生命科学、信息科学、材料与工程科学等领域建立了200多个国家重点实验室。国家重点实验室对国内外开放，海内外学者可以以各种方式来我国参加科学研究。

在三个层次推动科技发展的过程中，我国还加强了对人口、环境、地震、气象等的研究，防御自然灾害，加强医药卫生研究，合理开发利用自然资源，保护生态环境，提高人口素质，依靠科技全面提升社会发展水平。

造就一批进入世界科技前沿的跨世纪的学术和技术带头人，加速实施科技人才战略，是20世纪90年代发展科学技术的一项基本任务。科学技术发展的关键在于人才。要努力创造人才辈出、人才流动、人尽其才、才尽其用的社会环境。要大胆培养和启用有新知识的年轻人，促使优秀青年科技人才脱颖而出，尽快形成一支结构合理、高水平、高素质的科技人才队伍。

改革开放以来，我国进行了人才制度改革，这项改革目前仍在继续。通过大刀阔斧的改革，妥善解决科技人才方面存在的诸多问题，使广大科技人员的聪明才智和创新精神得到充分的发挥。

在改革开放的伟大实践中，我国在计算机、通信、新材料、新能源、生物工程、自动化技术等诸多领域涌现出一大批处于国际领先水平的新一代科学家和技术专家，为21世纪的高科技产业竞争和中华民族的崛起奠定了坚实的人才基础。科学的未来在青年，年轻的科技人才将担当开创未来的历史重任。

三、香港的角色

香港对祖国内地来说是无价之宝，在我国改革开放中发挥了不可替代的作用。香港带来了深圳和珠江三角洲经济的腾飞，吸引了大批投资者到广东等地区投资，创造出惊人的经济建设速度。党的十四届三中全会决定，我国要更开放地发展市场经济，更大范围地打开国门、走向世界，在国际经济中一展东方巨人的雄姿，都需要借助香港特殊的角色。在科技战线实施全方位、多层次、大跨度对外开放战略，推动中国科技事业全面走向国际舞台，也需要香港作为桥梁。

科学技术是人类智慧的结晶，是整个人类共同的财富，科学技术本身就具有国际性。我国把实行对外开放作为基本国策，采取各种措施同世界各国各地区建立科技经济合作与贸易交流关系，先后同70多个国家缔结了政府间科技或经济合作协定，并在联合国30多个科技机构中取得了席位。中国学术团体进入了250多个国际科学组织，每年有1300多名专家学者参加国际学术会议，有2万多人到世界各国参加科技合作与交流活动，其中有一部分就是借助于香港"牵线搭桥"。我国将进一步为科技人员创造便利条件，鼓励境外科研院所和大学来内地投资创办科研机构、重点实验室和其他研究开发基地，开展广泛的科技合作与交流。香港以其得天独厚的角色可以一展所长，发挥独到的作用。多年来，香港各界人士呼吁香港科学研究与基础科学奇缺，而内地拥有大量科研力量和科技人才，如能优势互补，定可创造奇迹。香港未来可继续担当"穿针引线"和"搭桥"的角色，并直接与内地进行广泛的科技合作，共同推进高科技产业化、国际化进程，为科技和经济发展、为实现祖国的繁荣昌盛做出贡献。

（根据笔者1993年12月在香港会展中心世界经济贸易研讨会上的发言整理）

第6章 绿色创新是时代的旗帜

第 6 章　绿色创新是时代的旗帜

绿色文明是当代世界的主旋律。2012 年 6 月，联合国在巴西里约热内卢召开世界环境与发展大会，120 个国家的元首和政府首脑出席会议，意在全世界推动绿色文明和可持续发展。自 1972 年联合国召开人类环境大会以来，半个世纪中世界各国都做出了努力，但总体上全球生态环境危机依然存在。弘扬和坚持生态文明、绿色发展是世界人民共同的责任和义务。生态城市、绿色建筑、绿色制造、绿色产业等绿色发展对人类的发展具有重要意义。生态文明、绿色创新是实现人与自然和谐共处、发展与环境双赢的唯一出路。

我国 30 年的改革开放成就辉煌、举世瞩目，但也付出了沉重的代价，消耗了大量资源，以破坏生态和环境为代价的粗放型发展模式已经难以为继，低碳技术和循环经济成为发展的趋势。根据有关资料，当前全球每年排放的温室气体大约为 300 亿吨，其中 75 亿吨被森林、草原和湿地等陆域生态吸收，约 75 亿吨被海洋生态吸收，其他 150 亿吨成为大气层中的温室气体。我国在温室气体处治方面的压力更大，解决起来也困难得多。我国水土流失面积达到 356 万平方公里，占国土面积 1/3 以上；全国荒漠化土地面积达 39.5 亿亩，影响到 4 亿人的生产和生活；人均水资源仅为世界平均水平的 28%，部分城市基本生活用水难以保证。森林是大地之衣，是地球之肺，但我国生态脆弱，仅有 43 亿亩林地、60 亿亩天然草地。国家"十二五"规划重点提出"创新驱动、内生增长、结构调整、绿色发展"，以创新实现绿色发展迫在眉睫。

绿色文明新理念倡导在经济发展中尊重自然、保护自然、合理利用自然，实现人与自然和谐发展。

我国走中国特色自主创新道路，建设创新型国家，这是事关全局的重大战略决策，也是绿色发展的关键。

改革开放 30 年来，我国经济社会发展取得了辉煌成就，但是由于不少产业的发展主要依靠从国外引进技术，下一步的发展遇到困境。实践证明，当经济落后于发达国家，差距较大时引进是一条捷径；当差距逐渐缩小，尤其是被引进国认为我国的发展影响到其自身利益时，再依赖引进已不可取。要继续保持经济持续增长，突破资源环境瓶颈的制约，实现绿色增长，就必须在关键领域掌握核心技术，而掌握核心技术的唯一途径即自主创新。

引进只能缩小差距，创新才能决胜未来。目前我国不少核心技术受制于人的状况必须通过自主创新彻底改变，必须实现由引进向创新驱动、内生增长方式的转变，必须通过走自主创新的道路实现可持续发展。

自主创新既需要扎实苦干的实践，又需要坚定持久的信心。我们既要克服浮躁心理，坚持一步一个脚印地积累，也要充分认识我国科技创新中的制度优势、人才优势、文化优势，认识我国自主创新的基础和条件，增强民族自信心。

当今世界，绿色建筑发展迅速。1990年世界首个绿色建筑标准在英国发布，1992年联合国开始推广，1993年美国成立绿色建筑协会，1996年中国香港推出新标准。我国建筑业近年来迅速发展，用地约1000万亩，但仍保住了18亿亩耕地红线。改革开放以来，人们的居住环境和条件发生很大变化，近年来我国每年城乡建筑面积达20亿m^2，每年占全世界1/2建筑竣工面积。近10年每年用掉建筑钢材占全国钢材消费量1/2左右，2011年为3.36亿吨，占全国55.1%。机械制造消费钢材1.18亿吨，其中建筑机械为多数。2010年我国水泥消耗量为18.51亿吨，占全球的50%以上，主要用于建筑和基础设施。我国已有建筑面积达400亿m^2，其中95%是高耗能建筑，建筑能耗占我国总能耗约40%。大量老城、旧房改造每年形成2亿吨左右的建筑垃圾，已成为我国节能减排和环保的重点。为此，国家"十二五"规划第一次把绿色建筑、绿色施工列为重点，制定了"十二五"建筑节能新标准、绿色建筑细则。同时，通过财政税收、土地政策引导绿色建筑发展，倡导营造绿色、健康的生活环境。

国家"十二五"规划要求推广11亿m^2高标准绿色建筑，并对5.7亿m^2的旧房进行节能改造，逐步达到新建筑全部执行绿色建筑标准。

根据世界银行报告，中国煤炭占能源消耗的70%，每年碳排放量超过60亿吨。必须实施清洁煤技术，发展低碳经济、循环经济，建设低碳城市，倡导绿色低碳的生活方式和消费模式。要从根本上调整结构，转变经济增长方式，走资源节约型、环境友好型发展之路。

实现绿色发展的自主创新是一场硬仗，创新文化氛围的营造是当务之急。

1）弘扬诚信文化，提高诚信水平，在全社会形成诚信的风尚和习惯。

2）树立"鼓励创新，容忍失败"的社会文化氛围。科学文化的核心是科学精神，即自由探索、理性质疑、执着求新。

3）鼓励创新和产业化与风险投资的合作，加快适应创新的资本市场建设。

4）培养国际化创新领军人才。20 世纪中叶开始，世界全球化加快，增强了各国的互相联系与合作。我国要加速人才国际化步伐，以适应创新的需要。国家高新区提出，要努力建成全球最具吸引力的地方，使人来不愿走，鸟来不愿飞，真正成为创新人才的栖息地。北京中关村提出建设世界科学中心，引领世界科学技术发展的潮流。

5）优化资源创新配置，提高创新能力与效率。我国正在建设开放、高效的创新体制，进一步发挥各方的特色和优势，加快自主创新步伐。2010 年年底，我国科技人力资源总量为 570 万人，高等院校 2538 个，在校学生 2800 万人，拥有研发机构 3696 个，大型工业企业研发机构达 16717 个，科研机构研发人员达 34.2 万人，研发人员超过 255 万人。2011 年共投入研发经费 8687 亿元，其中企业投入占 75.7%。中国高新区 2011 年有企业 5.7 万家，工业总产值 105679 亿元，其中产值超亿元的企业有 10371 家，超十亿元的企业有 1857 家，超百亿元的企业有 217 家，超千亿元的企业有 2 家。

6）为中国制造插上中国创造的翅膀。中国制造与基础设施建设在全球具有比较优势。2011 年中国生产汽车 1841 万辆、冰箱 8699 万台、洗衣机 6670 万台、空调 1.39 亿台、彩电 1.2 亿台、手机 11.3 亿部、电脑 3.2 亿台。中国制造每年有几十项产量世界第一。要弘扬中国制造的先进文化，中国创造只有在中国制造的基础上才能实现。中国制造的主要问题是关键技术受制于人，因此要通过自主创新实现中国创造之梦，使中国制造与中国创造共同前进。

开放的中国正以崭新的姿态融入世界，从学习引进阶段到创新引领阶段，我们要弘扬创新超越的自信心和创新强国的"亮剑"精神。

绿色创新是人类文明发展的基本要求，是大国崛起的重要契机，对建设创新型国家具有十分重要的意义，将为实现中华民族的强国梦做出不可替代的贡献。绿色创新，我们充满信心！

（根据笔者 2012 年 11 月 13 日在香港科技园公司与香港中文大学联合主办的创新科技 2012 亚洲会议上的发言整理）

第7章 科技创新驱动发展战略与香港创造

一、我国的科技创新驱动发展战略

当今时代是科技创新决定竞争力的时代。历史证明，国家的强盛和民族的振兴归根结底要靠科技的进步。改革开放以来，我国发生了翻天覆地的变化，开创了新的局面，初步形成了具有中国特色的国家创新体系。

科技创新驱动战略是以习近平总书记为核心的党中央提出的战略任务，其目的是实现国家经济增长方式由投资驱动、资源驱动到创新驱动的战略性调整。

过去30多年，我国实现了国内生产总值（GDP）年平均9.8%的高速增长，这在人类历史上是从未有过的。6.8亿人脱贫，3.5亿人进城，修建公路200万km，修建铁路7万km。2013年中国高速铁路运营里程达1.1万km，居世界首位。全国1000多所大学每年招生600多万人，2013年全国高等院校在校生达2468万人。2011年13亿城乡居民参加基本医疗保险，全民医疗体系初步形成。2013年年末全国就业人员达76977万人，居民储蓄存款余额达到447602亿元。钢铁、水泥等220多种工业品产量逐步跃居世界第一位，基础设施建设与制造业在世界上已具有比较优势。

2013年我国参与研究与试验的从业人员居世界第一位，国际科技论文数量稳居世界第二位。全国2013年研究与试验发展经费支出为11847亿元，R&D投入占GDP的比重达2.09%。国内有效发明专利达59万件，国际专利申请量占全球申请量的10.5%。科技攻关计划、星火计划、火炬计划、科技成果重点推广计划、攀登计划、国家重点实验室、科技人才创新计划等取得了重大进展。

在战略性高技术领域，"嫦娥三号"成功探月，"神舟"和"天宫"交汇，"蛟龙"号深潜探海。在基础研究领域，中国科学家发现了四夸克粒子Z_c（3900）；发现CiPS诱导体细胞，为再生医学用于治疗重大疾病开辟了全新的途径；首次合成硬度超过金刚石的立方氮化硼新材料；成功研制了国际上最长的55cm碳纳米管；高质量石墨烯制备等新材料的研究取得新进展。

中国自主研制的TD-LTE技术走向市场，实现4G同步的跨越发展。封装光刻机、离子注入机、刻蚀机、PVD设备等实现产业化，集成电路高端装备制造迈上新台阶。三代核电主要关键设备形成生产能力，全球首批AP1000核电机组设备就位并进入调试阶段。

通过实施创新成果应用示范工程，推广各类节能和新能源汽车 6.5 万辆；应用 LED 灯具，年节电超过 20 亿度；"金太阳"工程推动光伏产业健康发展。通过加强人口健康、生态环保、公共安全等民生领域的技术研发与示范，累计示范应用 10 万余台（套、件）国产创新医疗器械与产品。通过实施"蓝天"科技工程，形成减排降污 89 项关键技术和 139 个典型应用案例，在大气监测预警、减少污染排放、关注健康影响、共享科技资源、加强成果转化等方面形成合力。

2013 年，中国高技术产业主营收入预计突破 11 万亿元。科技企业孵化器达 1500 家，在孵企业达 7 万家。全国技术合同成交额达 7469 亿元。跨国公司在中国设立了 1300 个研发中心。

中国高新区已经成为创新创业人才的栖息地、高新技术企业的集群和发祥地、自主创新的示范区。2013 年中国内地科技园区达 114 家，园内企业达 71180 家，总收入达 20.3 万亿元，从业人员 1460 万人，缴税 11043 亿元，出口创汇 4133 亿美元。园区内研发支出达 3489 亿元，占全国企业投入的 38.2%，研发支出占 GDP 的 5.53%，全年授权发明专利达 51000 件。华为、中兴、联想、阿里巴巴、百度、腾讯、中联重科成为全球知名企业，中关村芯片设计、上海张江集成电路制造、武汉东湖光通信、深圳通信设备等已具备一定的规模和国际竞争力，科技园成为创新驱动的重要载体。

当今世界，新科技革命和全球产业变革已经成为影响世界发展的重要因素。为迎接挑战，我国加快了国家创新体系建设。一是加快建设世界水平的研究型大学，二是增加研究和开发的投资，三是建立产学研合作的创新中心，四是大力支持企业创新，五是吸引高端人才，六是制定科技与金融结合的政策，七是打造技术平台和区域创新集群，八是建立产业技术联盟，九是建立国际科技合作基地。通过科技创新，应对资源、能源、粮食、环境、健康等社会需求，让科技创新为实现中国梦起到支撑引领作用。

二、香港创造

香港虽然地域面积不大，在过去的几十年却创造了许多惊人的成绩，成为举世瞩目的金融中心、贸易中心、航运中心、旅游中心、信息中心，成为同伦敦、纽约、巴黎相媲美的世界大都会和效率最高的国际巨港。香港的支柱产业包括贸易、物流、金融服务、商业服务均具有全球竞争力，香港的教育、文化创意、医疗、检测、环保和先进适用的高技术在世界上具有鲜明的特色。香港对祖国内地来说也是无价之宝，在改革开放中发挥了不可替代的作用。

当前，广东和香港打造粤港创新走廊，共同创建亚洲领先的创新区，这是香港和广东面向未来的一种创新合作的模式，具有广阔的发展空间和巨大的发展潜力。香港拥有良好的高等教育环境、先进的资讯和国际化的金融体系，广东拥有巨大的市场和产业集群，两者可以优势互补，互利双赢，共同创造区域科技经济合作的典范，共同打造开放创新包容合作的先进文化，成为全世界区域合作创新的一面旗帜。

香港拥有得天独厚的条件，不仅可以"牵线搭桥"，进一步推动中国科技与世界的合作，还可以直接与内地进行广泛的科技合作，共同推进科技创新和高科技产业化、国际化的进程，为中国科技和经济的发展做出新的贡献。

（根据笔者2014年9月23日在香港资讯科技界庆祝新中国成立65周年暨香港科技经济论坛上的发言整理）

第 8 章　创新驱动战略与创新文化

第 8 章　创新驱动战略与创新文化

党的十八大提出两个一百年的奋斗目标和中国梦，要求解放思想，改革开放，凝聚力量，攻坚克难，坚定不移地沿着中国特色社会主义道路前进。2012 年 7 月召开的全国科技创新大会提出到 2020 年实现创新型国家，到 2049 年新中国成立百年时实现科技强国的宏伟目标，吹响了迈向科技强国新征程的号角。走创新强国之路，首要的是坚持自主创新。只有坚持自主创新，真正提高创新能力和国际竞争力，才能抓住发展机遇。自主创新不仅要遵循创新的规律及方法，还要有创新的文化作支撑。

改革开放 30 多年来，我国经济社会发展取得了辉煌的成就。当前，我国与发达国家的差距逐渐缩小，技术引进已不可取。核心技术买不来，唯一的途径就是自主创新。企业是自主创新的主体，企业的创新能力在一定程度上代表了国家的创新能力，而且越来越成为国家重要的竞争力。

我们虽然创造了 30 年高速发展的奇迹，但自主创新仍然不够，核心技术受制于人，多数企业大而不强，具有国际影响力的民营创新型大企业仍不够多，世界知名品牌也不多。在深化改革开放中，要大力支持企业自主创新，尤其要支持中小企业创新。通过自主创新打造新优势，创造新机遇，从根本上改变发展的模式和发展的进程。

从 20 世纪 80 年代抓合资引进到今天抓企业的自主创新，这是党在不同时期作出的发展战略选择，也是一切从实际出发、实事求是、与时俱进的科学发展观的体现。当前，从中央到地方，创新的热情空前高涨，企业的创新效率大大提高，国家创新政策的效果开始逐步显现。

笔者在调研中发现，当前我们的创新中有一个弊病、三个难点、"四多四少"。

一个弊病就是急功近利。做科研项目刚开始就要成果，做产品刚开始就要产业化，习惯于短平快，只顾眼前利益，这个弊病亟待克服。研究型大学要以自由探索的基础研究为主；科学院要以重大科学工程和战略高技术研究为主，同时培养科技人才；公益型研究院所要提供公共科技支撑；其他大学和科研院所要服务于"企业为主体的产学研合作创新"。目前一些单位只要有项目就一哄而上，而不管特色与分工，这种做法影响到自主创新的质量与效益。

创新有三个难点。一是垄断，包括行政垄断、行业垄断、区域垄断和企业垄断。

有些行业门槛设得过高,使许多创新创业者失去了机会。一些大企业缺乏创新激励机制,创新得不到支持。二是融资难,尤其是中小企业融资难。三是知识产权保护问题。当前亟需知识产权制度保护创新创业。有的企业因知识产权得不到保护,巨额投入无回报,企业难以为继。

创新存在"四多四少",即面向国内的多、面向国际的少,考虑眼前的多、考虑长远的少,模仿多、独创少,创业多、创新少。这反映了创新创业一定发展阶段的特征。创新有其规律和方法,用"山寨"的办法搞创新,终究不是创新。走在别人前面,做别人没有做过的新产品、新工艺才是创新。自主创新不仅要尊重其规律和特点,还要学会创新的方法。目前,我国颠覆式创新和源头创新严重不足,迫切需要先进文化的引领,而创新文化是创新的脊梁和核心价值观,没有创新文化创新不会从天而降,也不可能持续。

科学技术人员是先进生产力和先进文化的传播者和引领者,科学文化的核心是科学精神,是自由探索、理性质疑和对真理的执着追求。当今世界创新步伐之快前所未有,各国都把创新作为经济转型、提高竞争力的重要推动力。从国际创新规律看,进一步加强创新文化建设已经成为推进自主创新战略的当务之急。弘扬创新文化,解放思想是前提。

1. 增强原创意识

一项新技术出现的同时,也预示着会发生推翻和改变。没有原创意识,就难以做出根本性创新。原创意识是创新文化建设中的重要任务,战略性新兴产业尤其需要有原创意识。

2. 营造 "崇尚创新,容忍失败" 的文化氛围

科学从来都是在不断纠错的基础上向前发展的,宽容失败是科学萌发的土壤。创新初期,失败在某种意义上比成功更有意义。我国现在不少地方还存在"成者王侯败者寇"的观念,一些大学、研究所和企业做项目强调百分之百成功,这是不符合创新规律的。很多企业和企业家害怕失败,社会上也缺少对失败的宽容,急于求成,很难做出创新。要沉下心来扎扎实实创新,在失败中前进。缔造引领未来的产

业，就要勇于尝试新事物、新领域，而要尝试就难免会有失败。容忍失败是硅谷文化的突出优势。在硅谷，一个创业者因为创新失败得到的不是嘲笑而是尊重，只有在这种氛围中才会有一浪高过一浪的创新大潮。

3. 市场需求的动力是创新的源泉

创新者受市场需求驱动，做满足市场竞争的创新；创新企业制造出受人追捧的产品，成为受市场青睐的公司。市场需求与竞争的动力是企业创新的源泉。

要坚持管理创新与技术创新并重。技术必须跟随市场竞争的需求和人类的发展而成长，这是技术创新的机会。我国目前个别领域存在重技术轻市场、重发表论文轻市场效果的导向，这是大量研发成果不能投入应用的原因之一，也阻碍了创新。近些年教育和科研中出现了一些行政化、功利化、同质化、空心化倾向，都影响了创新。在项目选择上也存在缺乏超前性、针对性和适用性等现象，即使做出来项目，转移到企业也有一定难度。笔者在调研中发现一批优秀的科研人员与工程师掌握的技术比较先进，但商业模式普遍较差，主要原因是不了解市场，缺少管理创新，导致许多项目半途而废。技术创新坚持的应是应用导向。技术创新的规律和经验表明：技术创新的真正价值要由市场决定。

4. 创新需要合作

创新的思路是碰撞出来的，要鼓励合作创新。一些人认为，创新就是单枪匹马，自己包打天下。事实上，在竞争中合作，在合作中分工，是当代高科技发展的一条基本规律和特点。当代的技术创新需要团队精神和合作，许多方面需要大家共同完成，一些科技人员习惯关门自己搞研发，存在"基础研究不基础，应用开发不实用，自由探索不自由，基本围着项目走"的现象，这是导致急功近利的重要原因之一。要树立互动意识，并付诸行动，产学研和上中下游形成互动创新，彼此间有分有合。

5. 关于中国制造和中国创造

目前中国制造业和基础设施建设在世界上仍然具有明显的比较优势。中国制造走向世界，中国商品走遍了世界每一个角落，展示了中国人民的勤劳、智慧和力量。

中国发展成为当今的经济大国,从某种意义上来说,是中国制造带来了辉煌,人们为此付出了汗水、智慧、奋斗与坎坷,我们要倍加珍惜,而且要继续发展制造业。美欧日等发达国家和地区都是在建立了强大的具有国际竞争力的工业制造业体系后才逐步进入后工业化社会的。没有强大的工业和实体经济,国家就没有力量,就没有不断发展的实力。当前,一方面要重视制造业向高端化转型,另一方面要根据市场需求处理好制造业高端、中端和低端三个层次协调、互动、发展的关系。中国创造只有在中国制造的基础之上才能实现,中国制造是中国创造的基石。制造能力下降,创新就成了无源之水、无本之木。美国制造业下降的教训深刻,美国制造业的衰落使其重新审视创新和制造业的复杂关系。例如,美国光电子制造商把生产线迁出美国以后,实际上放弃了光电子技术的研发,一项被认为离计算机甚至光学感应器仅几步之遥的新技术就夭折了。近年来,美国提出绿色新政,要重塑制造业,日本也放宽管制,计划重振战略制造业,企图在能源和医疗等领域东山再起。面对国际上新的形势,我们只有通过自主创新实现中国创造,以中国制造加上中国创造,迎接新的挑战。

6. 关于战略性新兴产业和传统产业协同创新

笔者在调研中发现,战略性新兴产业和引领战略性新兴产业的研究项目难度高,很多项目存在发展方向看不准等问题。传统产业我们比较熟悉,有多年的生产和市场竞争的实践,企业家知道应该研究什么,而且在一定时期内可以取得成果,赋予传统产业核心技术和核心竞争力。传统产业的关键技术和核心技术创新一旦成功,就可以大规模生产,制造业就会大放异彩。即使在发达国家,传统产业也占GDP的90%以上,新兴产业只占不足10%。因此,我们既要重视战略性新兴产业创新,又要重视传统产业创新。我们国家的国情是发达和不发达地区并存、各种生产方式并存,因此创新也要多元化,传统产业、高新技术产业要根据实际情况协调发展。我国一项有关制笔业的调查与研究表明,我国每年制笔60亿~70亿支,但笔尖和墨水两个技术难题仍依赖国外技术,使整个制笔产业缺乏国际竞争力。如果解决了笔尖和墨水的技术问题,整个制笔业就能实现腾飞。战略性新兴产业需要敏锐地发现新的研究领域和项目。要选对选好不容易,选了就要坚持不懈地做,要在创新的基础上实现高端、中端和低端结合的完整的产业链。凡是有市场需求的都是应该发展的，需要淘汰的只是高污染、高能耗、低生产率和生产方式，而不是要淘汰中低端产业。一定要实事求是，循序渐进，尊重产业发展的市场规律，不能出现盲目的产业结构调整和盲目接轨。

7. 关于技术溢出问题和中等收入陷阱问题

这是我们创新中遇到的两个问题、两种观点，实际上是两个极端。第一个问题是说中国不用创新，靠别国技术溢出就行了；第二个问题是认为我国经费不足，也做不了创新。针对第一个问题，有人将改革初期我们与发达国家差距大的时候引进技术套用到现在的技术创新与发展，这是脱离实际、脱离世界市场竞争的一种幻想，是不可能的。曾有学者利用国家统计局数据研究外资企业对内资企业的技术转移，结论是没有任何证据可以证明外资企业对内资企业有技术转移效应。相反，外资企业多的地方，内资企业发展水平更低。经济开发区比高新区早建设十多年，大量外企自主创新反而比高新区慢，也可以说明这一点。第二个问题是世界银行2006年的报告认为中国劳动力成本上升，失去了低成本劳动力的优势，同时又没有足够的资金用于高端的技术研发，就会掉到"陷阱"里，这就是所谓的备受理论界和全球关注的中等收入陷阱问题。笔者认为这也脱离了中国发展的实际。我国现在拥有强大的制造业，在发展和竞争中逐步解决存在的问题，就能够成功迈过中等收入陷阱，中国制造的雄鹰一定会插上中国创造的翅膀展翅飞翔。

8. 增强危机意识，鼓励开放意识

世界500强中许多公司每年的研发投入达数十亿美元，中国的华为公司每年把销售收入的10%用于研发。这些公司这样做，是因为有强烈的危机感，不研发、不储备新技术就会在市场竞争中灭亡。但从我国的现状看，许多垄断性的大企业缺少激励机制和长远的制度安排，存在依赖垄断和短期效益导向，巨大的创新潜力得不到释放。缺乏危机感带来的问题就是创新动力不足，企业大而不强。国际上通常以研发投入占销售收入的比例衡量高新技术企业，中国这一比例约为外国的1/10，中国的企业能够以较低的投入创造较多的知识产权，这是难得的竞争优势。这种难得

的机遇非常宝贵，但也会转瞬即逝。我们要培养企业的危机感，进而形成内在的创新动力。

改革开放取得了巨大的进展，其中一条经验是开放促进了改革，开放型经济带来了新的竞争优势。但是当前有一些领域还是封闭的小系统，改革开放的路还很漫长，还需要我们做出极大的努力。今天的竞争早已超越国界，一个国家、一个地区关起门来搞创新是没有出路的。即便强大如美国，也必须打开国门搞创新，吸引全世界优秀人才一起参与。高技术市场的发展没有国际国内的区别，只有具备开放意识和全球眼光的创新者才能创造奇迹。

9. 加快培养国际化创新人才

科学技术是第一生产力，自主创新是第一竞争力，人才是第一重要的资源。科技创新是国际竞争的焦点，归根结底创新人才是关键。就目前我国创新现状来说，应加快培养国际化创新人才。

目前我国有2000多万在校大学生，这是最宝贵的创新资源，这些人才的潜力需要进一步开发。调查中发现，大学生中存在一部分人学而无用的现象，浪费了人才资源。社会上对人才的重视不够，尤其是对年轻人才创新的兴趣、创新的意识、创新的苗头保护不够。中国的学生考入大学，一般不容易换专业，而调查中发现，创新人才相当一批是在大学期间发现自己的兴趣，之后确立了自己的发展方向。一些国家的大学，入校两三年后才选专业，大学期间转专业也很容易，我们在这方面需要认真研究。从国际上看，不论是微软还是Facebook，都是大学生在校期间创业的成果，我们现在还没有把这类年轻人才的积极性调动起来。我国的大学在培养国际化人才方面差距还很大，需要转变观念，大胆地改革和扩大开放。

当前的教育中仍存在过于强调应试的弊端，学生创新能力差，缺少争论性讨论和批评性思维。钱学森先生生前多次强调创新型人才培养问题，我们一定要重视起来。

目前，我国在科学创新方面缺少国际化的科学巨人引领，亟待采取战略举措加快造就一批世界级科学大师，这是建设创新型国家的关键。人才国际化最重要的是人才的流动。要努力建设大师辈出的创新文化，敞开胸怀吸纳天下顶尖人才，创造国际化人才茁壮成长的生态环境，培养大批国际化人才。

20 世纪中叶以来，全球化加快，世界各国互相依赖、相互交融成为这个时代的特征，未来我们面对的是一个在知识、文化、思想和视野方面真正交融和交锋的世界。有人讨论东西方文化的冲突与融合问题，各执己见，但有一点值得研究，我国老一辈科学及文化大师精通东西方文化，而现在这种人才不够多。培养国际化人才，机会比金钱更重要。目前我们还没能真正吸纳世界文化的精髓，世界文化对我们来说还比较陌生，中华民族的文化也还没有被世界各国广泛接受，让世界了解中国是未来要面对的课题。

10. 培养创新、超越和引领意识

经过改革开放 30 余年的发展，我国已经成为世界第二大经济体，在世界舞台上扮演着举足轻重的角色。当前，我国将从学习引进阶段提升到创新引领阶段，面临角色转换的考验和各种压力。在新一轮发展中，谁领跑产业创新革命，谁就领跑世界。要利用金融危机后创新科技带来的新的国际分工实现跨越式发展。牢固树立敢于创新超越的自信心，抓住机遇，大力弘扬创新强国的"亮剑"精神。

我们已经迈向建设创新型国家和创新强国的新征程，将为实现中华民族的强国之梦做出重要贡献。我们这一代人有幸在新时代中国特色社会主义建设中发挥聪明才智，亲手建成我们伟大的社会主义强国。我们充满信心，我们为此奋斗！

（根据笔者 2014 年 11 月 27 日在香港中文大学"夜话创新"论坛上的发言整理）

第9章 一带一路 创新发展

第 9 章　一带一路　创新发展

"一带一路"倡议由习近平总书记主创主推，是和平发展、合作共赢的一面旗帜。积极促进"一带一路"国际合作，打造国际合作新平台，增添共同发展新动力，是党的十九大提出的新任务。

2017 年 7 月 1 日在香港签署了深化粤港澳合作，推进大湾区建设框架协议。习近平总书记提出打造国际一流的湾区和世界级城市群。香港是一带一路交汇地，具有良好的基础和独特的优势，如港珠澳大桥和广深港高铁，深圳的科技创新和香港的国际化，珠三角千万劳动者和香港的国际化人才，内地巨大的市场和香港的自由港。近水楼台，得天独厚，机遇难得，香港完全可以再创辉煌，引领世界精彩的未来。

回顾历史，2000 多年前汉武帝派张骞出使西域，打通了不同区域交往、贸易、交通的路线，使丝绸之路成为亚欧大陆各区域的经济发展之路，成为推进亚欧大陆的文明之路，对世界文明和人类发展产生了巨大影响。明永乐宣统年间郑和带领船队七下西洋，在当时达到世界的顶峰。18 世纪中叶到 19 世纪，继丝绸和陶瓷之后，中国茶引起了欧洲的兴趣，茶叶贸易额达白银 5800 万两以上。1820 年后仍有 200 多只船在东南亚海上进行贸易活动。丝绸之路对人类文明的伟大贡献永载史册。

2017 年 8 月英国《自然》通讯杂志发表了关于苹果进化的文章。美国博伊斯汤姆森植物研究所与美国康奈尔大学和山东农业大学合作研究，经过基因测序对比，破解了苹果进化之谜，并向世界宣布，苹果是当年经由丝绸之路传播进化而来，可以说是当年的国际科技合作。两千年前丝绸之路曾经推动东西方文明交流合作，留下里程碑式的足迹，今天则将开辟科技合作的新纪元。

近两年海外舆论盛赞中国创新创业已成为未来中国经济的动力之源和经济增长的新引擎，中国创新创业的活力不断涌现，重构了中国商业生态环境，已取得了良好的发展态势。《华尔街日报》刊文称虽然中国传统要素增长放缓，但中国的创新没有放慢，而且中国正在成为创新工厂，中国经济发展仍处在超车道上，并迅速向高科技进军。中国制造由低端向高科技转型，正通过数字化、智能化、网络化实现跨越式转型与发展。中国探索出了在培育创新中实现转型升级的新路径，近两年来各地创新创业的环境友好度大大提升。"一带一路"向世界展示了中国要走和平发展之路，致力于世界互融共进、互利双赢，敢于担当，敢于负责，并努力建设利益共同体和命运共同体。

我国不仅在全球化中取得了大发展，也承担了责任，如在1997年亚洲金融风暴和2008年世界经济危机中都发挥了重要的作用。中国的"一带一路"倡议将重塑全球规则，有利于全球共同发展和文明进步，在全球政治经济大变革、大动荡的格局中为沿线各国特别是发展中国家带来发展的机遇。

"一带一路"从政策协调、基础设施、贸易促进、货币流通、人文交流五个方面为亚欧新大陆及相关地域提供国际合作，并带动全球发展。当前，我们还需要进一步讲好"一带一路"的故事，逐步消除和避免不必要的误解和矛盾，让西方发达国家及其他国家了解"一带一路"对和平发展、协同发展、互利共赢的必要性。

当今时代，中国已成为推动国际化和世界文明的重要力量。全球化是世界发展的大趋势，是文明进步的象征。"一带一路"将推动世界经济发展，解决经济发展中的瓶颈，使世界走向经济繁荣和文明进步，造福于全世界，这是丝绸之路精神在新时代的体现。未来，会有更多的中国企业领先世界，香港也会呈现更多创新的精彩。

当前我国的对外开放进入新阶段，加快铁路、电力等国际产能和装备制造的合作，提升开放型经济的发展水平是开展互利合作的抓手。当今世界，全球范围内新一轮基础设施建设即将开始，"一带一路"沿线国家基础设施都有改进的空间。据测算，亚洲国家每年需7300亿美元基础设施的投资，美国也提出准备投资千亿美元建设基础设施。我国在基础设施领域具有较强的设计、施工和建设能力，具有较强的国际竞争力。投资基础设施建设，既可缓解产能过剩，又能帮助一带一路国家进行基础设施建设，实现双赢。

我国提出国际产能合作12个重点行业，包括电力、钢铁、有色金属、建材、轻纺、化工、航空航天、汽车、铁路、工程机械、通信、船舶与海洋工程。国家鼓励创新企业对外合作，鼓励企业在国内、海外互设研发机构，开展国际科技合作。

当今世界，创新是主旋律和主题词，新一轮科技创新与产业革命在全球范围内兴起，重大的颠覆性创新随时可能出现，创新成为重塑世界经济结构和经济格局的关键。

人类社会的交往遵循着从狭隘到广泛、从局部到全球的发展趋势。开放共赢、合作和平是人类经济社会发展的必然要求。目前，粤港澳合作机遇难得，一定要抓住机遇，携手共建更有效、更具亲和力的粤港澳互利双赢、亲密合作的新局面。科技合作与创新要率先垂范，让粤港澳合作成为"一带一路"上的典范和亮点，让粤港澳大发展，共同迎接美丽中国光辉灿烂的明天。

（根据笔者 2017 年 11 月 30 日"科技一带一路与粤港澳大湾区创新论坛"发言整理）

附 录

2009年以前及2010～2015年升级的国家高新技术产业开发区名单

附表1 2009年以前升级的国家高新技术产业开发区名单

序号	所在地	园区名
1	北京市	中关村科技园区
2	天津市	天津新技术产业园区
3	河北省	石家庄高新区、保定高新区
4	山西省	太原高新区
5	内蒙古自治区	包头稀土高新区
6	辽宁省	沈阳高新区、大连高新区、鞍山高新区
7	吉林省	长春高新区、吉林高新区
8	黑龙江省	哈尔滨高新区、大庆高新区
9	上海市	上海市张江高科技园区
10	江苏省	南京高新区、苏州高新区、无锡高新区、常州高新区、泰州医药高新区
11	浙江省	杭州高新区、宁波高新区
12	安徽省	合肥高新区
13	福建省	福州高新区、厦门火炬高技术产业开发区
14	江西省	南昌高新区
15	山东省	济南高新区、威海火炬高技术产业开发区、青岛高新区、潍坊高新区、淄博高新区
16	河南省	郑州高新区、洛阳高新区
17	湖北省	武汉东湖新技术开发区、襄阳高新区
18	湖南省	长沙高新区、株洲高新区、湘潭高新区

附录　2009年以前及2010~2015年升级的国家高新技术产业开发区名单

续表

序号	所在地	园区名
19	广东省	广州高新区、深圳高新区、中山火炬高技术产业开发区、佛山高新区、惠州高新区、珠海高新区
20	广西壮族自治区	南宁高新区、桂林高新区
21	海南省	海口高新区
22	重庆市	重庆高新区
23	四川省	成都高新区、绵阳高新区
24	贵州省	贵阳高新区
25	云南省	昆明高新区
26	陕西省	西安高新区、宝鸡高新区、杨凌农业高新技术产业示范区
27	甘肃省	兰州高新区
28	宁夏回族自治区	
29	青海省	
30	新疆维吾尔自治区	乌鲁木齐高新区

注：苏州工业园享受国家高新区同等政策。

附表2　2010年、2011年升级的国家高新技术产业开发区名单

序号	所在地	园区名
1	北京市	
2	天津市	
3	河北省	唐山高新区、燕郊高新区
4	山西省	
5	内蒙古自治区	
6	辽宁省	营口高新区、辽阳高新区
7	吉林省	延吉高新区
8	黑龙江省	齐齐哈尔高新区
9	上海市	上海紫竹高新区
10	江苏省	昆山高新区、江阴高新区
11	浙江省	绍兴高新区
12	安徽省	芜湖高新区、蚌埠高新区
13	福建省	泉州高新区
14	江西省	新余高新区、景德镇高新区

续表

序号	所在地	园区名
15	山东省	济宁高新区、烟台高新区、临沂高新区
16	河南省	安阳高新区、南阳高新区
17	湖北省	宜昌高新区
18	湖南省	益阳高新区
19	广东省	东莞松山湖高新区、肇庆高新区、江门高新区
20	广西壮族自治区	柳州高新区
21	海南省	
22	重庆市	
23	四川省	自贡高新区
24	贵州省	
25	云南省	
26	陕西省	渭南高新区
27	甘肃省	白银高新区
28	宁夏回族自治区	银川高新区
29	青海省	青海高新区
30	新疆维吾尔自治区	昌吉高新区

注：苏州工业园享受国家高新区同等政策。

附表3　2012年升级的国家高新技术产业开发区名单

序号	所在地	园区名
1	北京市	
2	天津市	
3	河北省	承德高新区
4	山西省	
5	内蒙古自治区	
6	辽宁省	本溪高新区
7	吉林省	长春净月高新区
8	黑龙江省	
9	上海市	
10	江苏省	武进高新区、徐州高新区
11	浙江省	温州高新区
12	安徽省	马鞍山慈湖高新区

附　录　2009 年以前及 2010~2015 年升级的国家高新技术产业开发区名单

续表

序号	所在地	园区名
13	福建省	莆田高新区
14	江西省	鹰潭高新区
15	山东省	泰安高新区
16	河南省	新乡高新区
17	湖北省	孝感高新区
18	湖南省	衡阳高新区
19	广东省	
20	广西壮族自治区	
21	海南省	
22	重庆市	
23	四川省	乐山高新区
24	贵州省	
25	云南省	玉溪高新区
26	陕西省	榆林高新区、咸阳高新区
27	甘肃省	
28	宁夏回族自治区	
29	青海省	
30	新疆维吾尔自治区	

注：苏州工业园享受国家高新区同等政策。

附表4　2013 年升级的国家高新技术产业开发区名单

序号	所在地	园区名
1	北京市	
2	天津市	
3	河北省	
4	山西省	
5	内蒙古自治区	呼和浩特金山高新区
6	辽宁省	阜新高新区
7	吉林省	通化医药高新区
8	黑龙江省	
9	上海市	
10	江苏省	南通高新区

续表

序号	所在地	园区名
11	浙江省	衢州高新区
12	安徽省	
13	福建省	漳州高新区
14	江西省	
15	山东省	
16	河南省	
17	湖北省	荆门高新区
18	湖南省	
19	广东省	
20	广西壮族自治区	
21	海南省	
22	重庆市	
23	四川省	
24	贵州省	
25	云南省	
26	陕西省	
27	甘肃省	
28	宁夏回族自治区	石嘴山高新区
29	青海省	
30	新疆维吾尔自治区	新疆生产建设兵团石河子高新区

注：苏州工业园享受国家高新区同等政策。

附表5　2014年、2015年升级的国家高新技术产业开发区名单

序号	所在地	园区名
1	北京市	
2	天津市	
3	河北省	
4	山西省	长治高新区
5	内蒙古自治区	
6	辽宁省	锦州高新区
7	吉林省	
8	黑龙江省	
9	上海市	
10	江苏省	镇江高新区（2014年仅一家）、连云港高新区、盐城高新区

附　录　2009年以前及2010~2015年升级的国家高新技术产业开发区名单

续表

序号	所在地	园区名
11	浙江省	萧山临江高新区
12	安徽省	
13	福建省	三明高新区、龙岩高新区
14	江西省	抚州高新区
15	山东省	枣庄高新区
16	河南省	平顶山高新区
17	湖北省	
18	湖南省	郴州高新区
19	广东省	源城高新区
20	广西壮族自治区	北海高新区
21	海南省	
22	重庆市	
23	四川省	泸州高新区
24	贵州省	
25	云南省	
26	陕西省	
27	甘肃省	
28	宁夏回族自治区	
29	青海省	
30	新疆维吾尔自治区	

注：苏州工业园享受国家高新区同等政策。

创新，我们永远在路上（代后记）

我们所处的时代是一个创新的时代，创新已经成为经济发展的动力之源和增长的引擎。创新使中国经济的发展仍然在超车道上，虽然传统的要素增长放缓，但创新不仅没有放缓，反而迅速发展，其显著特点是由低端向高端转型。

中国的科学研究发展迅速。2014～2015年，科技部组织2万多名专家围绕13个领域进行了新中国成立以来第四次全国技术预测和普查，发表了一系列报告。研究表明，与世界先进国家相比，我国的科技研发51%在跟跑阶段，32%在并跑阶段，17%在领跑阶段。近年来我国科技发展迅速，为创新奠定了基础。席卷全国的创新创业如火如荼，出现了大量颠覆式创新和爆发式增长，呈现出四个异军突起：一是几百个二线城市、上千家孵化器创新异军突起；二是创客异军突起；三是农村"归燕"经济异军突起；四是一批"瞪羚"企业和"独角兽"企业异军突起。

一是孵化器创新异军突起。1987年UNDP代表拉卡卡向国务委员宋健推荐孵化器，此后我国在武汉创办了第一家孵化器，经过30年的创新发展，现在我国孵化器的数量和面积均居世界第一位。2015年孵化器数量达3600家，其中国家级736家，加速器400多家，孵化器面积达8679万平方米，在孵企业超过10万家，累计已经毕业的企业达74853家。20世纪90年代，笔者曾任科技部"火炬"中心主任，当时全国的孵化器很多，但只有北京中关村和深圳的孵化器有真正的创新，其他地方创业多、模仿多、实际创新少。我们曾为此开了很多会，下达了很多文件，与国家税务总局联合出台了两项免税政策，即免房产税和城镇土地使用税，

创新，我们永远在路上（代后记）

但效果都不明显。然而近年来发生了巨大的变化，我国几百个二线城市创建了上千个孵化器，无人机、3D打印、人脸识别等新技术层出不穷，创新在孵化器中蓬勃发展，这可以说是一个奇迹。

二是创客的异军突起。创客源于克里斯·安德森的《创客新工业革命》一书，十年前在美国旧金山启动，2009年引入我国后得到迅速发展，到2016年全国众创空间已达到4298家，怀揣梦想的人在这里实现创意，并逐渐发展成为企业，创客成为名副其实的创新的推进器。我国的创客运动依靠国家强大的创业生态体系和丰富的人力资源形成了若干创客文化圈。创客已经渗透、融合于互联网、加工制造、建筑、服装、医疗和文化艺术等行业，成为经济转型的发动机。

三是中国农村"归燕"经济异军突起。近年来，大量农村外出务工者和进城的农民纷纷返乡创业，形成了新的返乡创业大潮，成为一支创新的力量。"归燕"经济扎根家乡，各种高端要素回归故乡，大大推动了农业的改造与提升。一批新兴企业迅速发展，并成就燎原之势，如休闲农业、乡村旅游、种植养殖、农村电商、乡村网络。这些新的企业起点高，实现了跨越式发展。

四是"瞪羚""独角兽"企业异军突起。在世界创新的大潮中出现了一种成长快、周期短、爆发式增长的创新型企业的新标准，这就是"独角兽"企业和"瞪羚"企业。创业十年内企业估值超过10亿美元的企业称为"独角兽"企业，超过百亿美元的称为超级"独角兽"企业。这个提法是2013年"种子论"基金创始人里德·霍夫曼提出的，很快得到业界认可，成为世界各国创新评价的重要标志。近年来，我国"独角兽"企业快速增长，由2015年的70家发展到2016年的131家。近期公布的数据显示，中国"独角兽"企业为141家，美国为133家，英国为10家，印度为9家，德国为5家，韩国为3家，新加坡为3家，以色列为3家，法国为2家，加拿大为2家，瑞典为2家，巴西为1家，俄罗斯为1

家，日本为1家。硅谷有87家，居第一位。北京中关村有65家，这些企业主要来自大数据、智能硬件、人工智能、互联网医疗、互联网金融、互联网教育、交通出行、电子商务、新媒体、网络安全、服务分享等领域，充分显示出我国整体创新实力的提升。

例如，杭州蚂蚁金服2014年成立，仅三年估值就达750亿美元；北京小米2014年成立，如今估值460亿美元；杭州阿里云2009年成立，估值390亿美元；北京滴滴、快的2012年成立，估值338亿美元；深圳大疆创新2006年成立，估值100亿美元；北京"今日头条"2012年成立，估值92亿美元；杭州口碑企业2015年成立，仅两年估值80亿美元；深圳菜鸟网络2013年成立，估值76.9亿美元；北京京东金融2013年成立，估值71.8亿美元；北京乐视移动2014年成立，仅三年估值55亿美元；深圳微众银行2015年成立，仅两年估值55亿美元；上海陆金所2011年成立，估值185亿美元。"独角兽"企业大多来自平台企业，如阿里巴巴孵化了7家，包括蚂蚁金服、淘票票、钉钉等；腾讯孵化了4家，包括腾讯云、微票等；京东孵化了京东金融和新达达；乐视孵化了4家，包括乐视体育、乐视移动、乐视影业；奇虎360孵化了3家，包括融360、健康360、安全360。

"瞪羚"企业是创业5年盈利超过5亿美元，创业10年盈利超过10亿美元，赢利年平均增长30%以上的企业。2016年我国的"瞪羚"企业达到了435家。

我们正在进行的创新是大力促进原始创新，创造大量新的增长点，由中国制造向中国创造迈进。中国创新创业最重要的是提升和振兴实体经济，创新与实体经济相结合，科学技术的研究与提升实体经济的质量效益和转型升级及提升竞争力密切结合，这是科技界义不容辞的使命和重任。

理性分析，冷静思考，创新创业中还有很多难点。创新是永无止境的寂寞的长跑，多数失败，少数成功，要一代一代前赴后

创新，我们永远在路上（代后记）

继、不断奋斗，才能实现可持续发展。实体经济还有很多困难需要克服，如人力、原材料、房地产价格上升，世界市场的变化，新的国际化竞争的挑战。中国制造和实体经济必须坚定不移永不动摇地持续创新，这其中要有观念的创新、理念的创新、文化的创新、技术的创新以及其他多种创新。我们必须与时俱进，抓住机遇、突破创新，搭建通向未来的平台。

当今世界，创新发展迅速，尤其是我国，创新发展常常出乎人们的意料。本书内容是笔者在 2014 年 8 月～2015 年年初调研的基础上写就的，但是与近两年的发展已有了相当的距离，因此仅供相关学者等研究时参考。在此向香港科技园和香港理工大学以及对笔者给予关心和支持者表示衷心的感谢。

2017 年 9 月 1 日